カリスマ支援家「小出宗昭」が教える

# 100戦100勝の
# 事業サポート術

小出宗昭
Muneaki Koide

近代セールス社

# はじめに

2001年2月1日、当時の勤務先の㈱静岡銀行から出向して、公的創業支援施設（インキュベーション施設）「SOHOしずおか」の立ち上げとその運営を任されることになった。経験も知識も興味さえもなかった公的創業支援という世界に突然放り込まれ、右も左も分からない中、プロジェクトは動き出した。

当初は、施設内に事務所を構える起業家たちはもちろん、外部の起業家からの相談に対して、どう対処してよいのかが全く分からなかった。銀行で働いていたときは普通に行っていたような、顧客を「指導する」といった目線・態度で対応してみると、コミュニケーションが全くスムーズにいかない。17年間銀行で培ってきた、当たり前だと思っていたノウハウが一切使えないのである。いったいどんな立場から、どんなアドバイスをしたらよいのか、戸惑いながらの試行錯誤が続いた。

そんなある日、施設内の起業家の販路拡大を支援すべく、起業家と帯同して、他の公的産業支援機関などに出向き話を聞いてもらった。そのとき、「起業家」そのものに対して、上から下に見下すような目線があって、（本題に入る以前の）コミュニケーションがなかなかスムーズにいかないことに気づき、私ははっとした。インキュベーションマネージャーの自分と、支援対象である起業家は、従来の常識で言えば、私が彼らを育成・指導するという位置関係がある。私は、こうした既成概念をとりはらい、起業家たちと同じ目線に立って対等なパートナーシップを持つことの重要性を悟った。

パートナーシップを持つとは、自分自身が支援先企業の歯車の一つになることである。歯車の役割は場合によって違う。時に経営企画部長であったり、営業部長であったり、あるいは広報部長にもなりえる。自分をそう位置づけると、（銀行で培ったような）支援先を〝数字〟などといった表面的なところから捉えることがなくなる。なぜか。パートナーはともに走る相手と一緒に成功したいからだ。

表面的なところから評価しなくなるとどうなるか。それまで見えなかった、その会社や人、事業の「光る部分」＝「セールスポイント」が見えてくる。セールスポイントは必ずあるということを前提にするようになる。

世の中は、企業の価値を、その規模や売上げ・利益の大きさ、経営者の学歴など極めて表面的なところで判断しがちである。そのため、起業家や中小企業を軽く扱う傾向がある。

企業の真の価値とは、先に触れたようなパートナー的視点に立ち、経営者自身も気づいていないようなセールスポイントを見つけ出し、それを基に今後の戦略を一緒に考え一緒に実行することで、初めて見えてくるものだ。

2001年から今日までの9年弱という時間をかけて、私は数えきれないほどの経営者と出会い、ともに走り、個々のビジネスのセールスポイントを見抜く力や、彼らの真のニーズを捉える力、そして課題を解決するための戦略を立案するなどといった具体的な支援ノウハウを磨いた。

本書では、それらのノウハウをあますところなく紹介している。現役金融マンの皆さんや産業支援業務に従事する方々には、ここから多くを参考にしていただき、さらに実際の現場で活かしてほしい。

全く経験のなかった私にできたのだから、決して難しいことはない。本来あるべき支援の姿に気づいた人材が、金融機関や産業支援機関の提供するサービスの質を高め、地域の中小企業を元気にし、未来の日本経済を支えることをおおいに期待したい。

著者

目次◎

## 第2章　コーディネート型支援の進め方

◆序章◆

# 〝小出流〟事業支援誕生の軌跡

# 銀行員から産業支援のプロジェクトマネージャーへの転身

## (1) 静岡銀行から公的創業支援施設への出向

### 花形の国際部への異動であったが…

私のもともとの出発点は銀行員としてである。ただ銀行員としてのキャリアは、一般の銀行員に比べかなり特異かもしれない。１９８３年に㈱静岡銀行に入行して、最初の8年間は多くの銀行員と同じように、横浜支店に配属され内部事務、渉外を行い、その後静岡市内の瀬名支店に異動した。瀬名支店は小さな店舗で、私はここに5年半ほどいて、渉外と融資を担当。その頃はこのまま一般的な銀行員生活を続けるものと思っていた。

ところが、91年に銀行員としての人生が大きく変わることになる。ちょうど湾岸戦争が始まった1月だった。突然、国際部に行けと命じられたのである。当時、国際部は花形部署であった。ベルギーのブラッセル（ブリュッセル）にも支店ができて、アメリカだけでなくヨーロッパ、さらには香港にも進出していた頃である。国際部は若手行員の憧れの存在でもあったと思う。

しかし、私は当時、国際部は希望していなかった。確かに入行したときこそ国際部を希望していたが、営業をやりだしてからは営業が面白くなり、他の部門への異動は望んではいなかった。それが忘れた頃に国際部と言われたのである。全く国際業務の経験はなく、しかもリテール店からの異動。他の行員からすれば憧れだったのかもしれないけれど、私にとってはこれ以上なく戸惑う人事だった。

実際に業務に就いても、毎日行う輸入決済事務は精神的にもきついものであった。今まで営業の第一線にいた人間がうず高く積まれた輸入決済書類とLC（信用状）の照会を朝から晩までやっていくのである。さすがに3カ月目に、経営管理部（人事担当部署）に異動の意向を伝えた。

銀行員とすれば、ご法度である。「この仕事は僕じゃなくてもいいと思う」というようなことも言ったかもしれない。当然、経営管理部の担当者からは「何言ってんの？　小出君」ということで認められるはずもない。しかし、ここは自分がいるべきところではないと考えていた。

そこで、何かいい方法はないかと目をつけたのが、『行外派遣制度』だった。これは異なる名称で現在でも実施されていると思うが、他の会社に1～2年間研修に行くという行内制度である。国際部に異動して1年後の92年1月に、これに応募した。しばらくして経営管理部から連絡があり、面接をする中でM＆Aの研修に出てみないかと言われた。当時の日興證券企業情報部――M＆Aを主に担当する部署――である。私は今すぐにでも国際部から出たかったにもかかわらず、最初は嫌だと断った。そのときは信託銀行に行きたかったのである。

実は、その部署に派遣されていた1年前と2年前の行員は、超優秀な行員として有名な人たちだった。そういった人たちと一緒にされたら大変なことになるとも思い、ぜひ信託銀行に行かせてほしいと訴えたのだが、即座に却下され日興證券企業情報部にお世話になることとなった。

## M&Aの経験を生かし新会社設立にまい進

92年4月から日興證券の本社ビルに通うことになった。私にとってはいきなりのM＆Aの世界であり、社内に外国人はいるし、当然部内のミーティングは英語で進められる。とにかく面白くてしょうがなかった。ここでは新人でもトレーニー扱いをされない。私も顧客との直接ミーティングをどんどんやらされた。

当時、同じく静銀から研修に来ていたチームリーダーから言われたことは、「ありとあらゆる業界の勉強と情報収集をしてくれ」ということだった。私は、企業の動向・傾向を読み取るトレーニングをみっちり1年間行った。実際には、毎日新聞7紙に目を通すことをはじめ日興証券のリサーチ担当部署のアナリストたちから何度も何度も話を聞いたり、大企業にも行かせてもらい、顧客にヒアリングして情報収集もした。そうした経験が今に生きている。

そして1年後、静銀に戻り、M&Aチームに入った。5年半ほどこの部署にいたが、ここでも日興証券にいたときと同じトレーニングは毎日続け、加えてM&Aのシミュレートを頭の中で行うなどをしていた。こうしたトレーニングを何年もの間続けていると、ありとあらゆる業界の構造が分かってくる。私自身、とても面白みを感じていたし、やりがいを持っていた。

しかし、残念ながら、銀行の人事異動は避けられない。今度は、ローン商品開発の部署に異動になった。98年のことである。これがまた苦痛だった。この仕事は私でなくてもいいんじゃないかと勝手に思いながら1年ほど経ったとき、中期経営計画の中で考えられていたコンサルティング会社の設立が本格化してきた。

それを知って「実現できるのはおれしかいない！」と思い、当時の経営管理部副部長と廊下で擦れ違いざまにいきなり話しかけた。

「副部長、いい金もうけになる計画持っているんですよね、僕」。そういう言い方をしたと思う。

一度だけでなく二度このようなことを言ってみたら、経営企画部に異動となり新会社設立プロジェクトに参加できることとなった。本来なら自分みたいな行員が経営企画部に行けるはずもないし、新会社設立プロジェクトをやらせてもらえるはずもない。だめでもともとだけど、言ってみるものである。多くの銀行員はやりたいことをやりたいと言わないのだが、私はやりたいことをやりたいと言ってしまう。決して誉められるものじゃないかもしれないが、それが今の仕事にもつながっている。

新会社設立プロジェクトに携わっていたのが、99年7月から翌年7月に静銀経営コンサルティング株式会社ができあがる1年余り。2000年7月からは晴れて同社の一員として業務にまい進していった。私には、「M&Aは絶対もうかる仕事」といった自信、いや確信があった。

そこで、同社設立と同時にM&A業務の経験者を集めてきたのだが、実際には行内でそうしたコンセンサスは取れていなかったのだ。忘れもしない、スタートして半年ほど経った2001年1月25日、昼食をとって会社に戻ってきたら、経営管理部が呼んでいるという。経営管理部に呼ばれるということは普通のことではない。何かあると思いながら、副部長のところをたずねた。

## 重要使命と不安の中での出向に

副部長は本当に申し訳なさそうに言ったのを覚えている。

「小出さあ、こんなことになっちゃってさあ。実は、静岡県が『SOHOしずおか』を作るので、その立ち上げに行ってくれないか」

それは、静岡県が施設整備し、静岡市などが運営にあたる創業支援施設（インキュベーション施設）「SOHOしずおか」が近々開設されるので、そこの立ち上げと運営を担当するマネージャーをやってほしいという話だった。つまり、出向の打診である。

私からすれば「はあ？　1年間かけてやっと静銀経営コンサルティングを立ち上げて、これからというときに、何それ？」という感じだった。

今でも覚えているが、「誰がそんなことを言っているんですか」と聞くと、「上だよ」との回答。「上って誰ですか」「会長だよ」と。

それでこの人事異動の意味が分かった。会長が直々に管理職でもない一般行員を指名して“行け”と言うことは、普通はありえない。つまり、これは普通じゃない。ある意味、特殊ミッション。僕は勝手にそう解釈した。自分に都合のいいような解釈かもしれないけれど、あのときはそう思った。

それでも、正直なところ、喜んでSOHOしずおかに行ったわけではなかった。行政に関係する仕事についても理解できていなかったし、勉強もしていない。インキュベーションという言葉は聞いたことがあっても、その意味するところは分からない。何より時間の余裕がなかった。1月25日に言われて2月1日に着任。いきなり現場に放り込まれた。

現在でこそ、日本の公的インキュベーターは、全国に350カ所程度あるのだが、当時は100～150カ所ほどで今ほどなじみがあるものではない。

しかも、現役の銀行員が設立から携わって、運営までも行うのは初めてのケースであっただろう。そのうえ、行政のプロジェクトに銀行員を投入し、常駐はその銀行員である私一人だけというプロジェクトなのだ。個人の力で作り上げていかなければならない。私は不安のほうが先行していた。

## (2) 「SOHOしずおか」の立ち上げと具体的な取組み

### 「ビジネスが回るネットワーク」の構築を目指す

SOHOしずおかは、創業支援施設、インキュベーション施設とも言われるものである。創業しようと考えている人や創業して間もない人にいくつにも区切られた部屋の一つをオフィスとして貸し出す施設である。

実は、SOHOしずおかの存在というのはインキュベーションの世界では革命的だった。なぜかというと、インキュベーション施設というのは、各ブースを起業家が利用し、個々が事業を展開・研究等をするためのものであり、つまりは入居者だけを支援・育成する。SOHOしずおかにはブースが13室あったが、普通であれば13社の起業家に対する支援を行うだけでいい。極端な言い方をすれば、私の役目は「13室の管理人」と言える。しかし、私はその運営方法を大きく変えたのである。

私がまず考えたことは、「これまでの前例がどうであれ、常識がどうであれ、公的産業支援や創業支援の常識が何であれ、1回自分の頭の中を白紙にしよう。それで、本来あるべき支援施設の姿を探していく」ということだ。

第一に、私が捉えなければいけないのは、入居者のニーズがどこにあるのかということであった。入居者に聞いてみると、皆さん第一義的には「仕事がほしい」と言う。そして、その根幹にあるものとしては「人的ネットワークの構築」ということであった。

起業してしまうと自分がこれまで帰属していた組織のネットワークは使えない。組織の持っている大きなネットワークから離脱してしまうと今度は自分だけの非常に小さい枠の中でやることになる。起業家にとってこれは究極の弱点とも言えるものだ。起業家たちは自力でネットワークを急激に大きくすることはできないが、SOHOしずおかが大きなネットワークを持てば、入居者たちにとっては大きなメリットにつながる。

ネットワークというと、一般的には〝人と人との関係がつながった人間網〟であり、それを広く持つことによって人を多く集められると考えがちだ。しかし、ただ単に人が集まるだけでは事業の発展にあまり効果はない。ネットワークを構成する人たちがそれぞれ関係し仕事が次々と発生する「仕事が回るネットワーク」「ビジネスが回るネットワーク」でなければ意味がない。

そこで第二に考えるべきことは、入居者たちに仕事を出す〝出し手〟をSOHOしずおかに呼び込む必要があるということである。もちろん、地域の起業家だって入居者に仕事を出してくれるかもしれないが、それよりももっと大きな可能性を持っているのは既存企業である。そうした企業をいかに呼び込めるかが、このプロジェクト成功のポイントになってくる。

とにかく、SOHOしずおかにより多くの人たちが相談に来れば、その問題の解決の先に何かしら仕事が発生する。そうして発生した仕事を入居者だけでなく、地域の中の起業家にも還流すればいい。こう私は考えた。

## 講演会や講座の実施で来訪者を増加

一般的なインキュベーション施設では、普通、入居者たちだけの〝内向き〟のプロジェクトを展開する。それを私はむしろ〝外〟に向けた。つまり、支援する対象者を入居者だけでなく、地域の中小企業や自営業者等にまで広げることにしたのである。もちろん、入居者に対しての支援はしっかり行うが、活動の大半をそうした入居者以外の人たち向けに行った。

具体的なターゲットは二つある。一つは、SOHOしずおかは創業支援プロジェクトだから、地域にいるたくさんの起業家（しようとしている人も含め）で、もう一つは、地域の既存の商店主、地場産業、中堅・中小企業などである。

こうした人たちに積極的に声をかけて、SOHOしずおかに相談に来てもらう。そして、事業の発展のために一緒に考えて一緒に行動しようというメッセージを出し、成功事例を輩出する。成功事例が生まれたら広く知ってもらうようにして、そしてまたより多くの人たちに来てもらう。この流れを実現するべく活動を展開していった。

具体的な仕掛けとしては、起業家や企業経営者への無料相談会、講演会や講座、パソコン教室、異業種交流会などを開催し、それらを繰り返し行った。そうした中で知り合った「これだ!」と思う起業家や経営者などに声をかけて、SOHOしずおかに来てくれるように勧誘するなどして、ネットワークを広げていった。

SOHO支援やインキュベーションのプロジェクトというのは、創業支援施策の一部であり、創業支援というのは産業支援の一部と言える。ところが、それを支援する当事者の多くは、SOHO支援はSOHO支援、インキュベーションはインキュベーションと、それぞれの狭い枠の中に納めてしまう。そして、ここには接点がない。

以上のような取組みは、それらを同じテーブルの上に乗せるという狙いからでもあった。産業支援という大きいフィールドの中で、SOHO支援もインキュベーションも展開し、幅広いネットワークを構築しようというわけだ。

また、起業家やインキュベーションの入居者は、地域の企業の中で特別な存在に思われがちである。企業としては単に小規模事業者、中小企業よりもさらに小さい企業という認識でいいのに、銀行でも起業家という言葉を当てはめた瞬間、特別な存在となる。そのため、起業家は周囲との接点をあまり持てなくなってしまう。私としては、そうした壁を取り除いていく必要もあると考えていた。

## 他がやらないことだからこそ「やれる」

私は、2001年4月から先ほど述べたような施策を積極的に展開していった。ただ、その方法についてなかなか理解を得られず、地域の産業支援機関のプレーヤーたちや金融機関は、「小出は何言ってんの?」という感じだった。

というのも、当時SOHOしずおかというのは任意団体であるがゆえに、補助金の制度も専門家の派遣制度もなく、支援制度というものを何一つ持っていなかった。しかも、常駐職員は私のほか、派遣の女性だけという状態。人もいないし、お金もない。これで何ができるか、というよりできないという見方が大半だったのである。

でも、私は最初から勝算はあると思っていた。

地域の産業に携わる人たちや中小企業などでは、経営的な悩みや問題点、課題を抱えていないところはない。つまりは、100%の企業が持っていると言える。

本来はその問題解決をサポートするのが金融機関だ。しかし、2001年当時の金融機関はどん底状態で企業を支援するような余裕はなかった。渉外係の人数もリストラによって不足していた。いくら顧客のところを回るにしても、人数が減っているのだから隅々まで手は行き届かないのはいたしかたがない。しかし、行員の中には顧客の話は一生懸命聞くけれど自行にとってメリットがない話には関心を寄せない人が多くなっていた。それは私が銀行員であるがゆえによく分かっていた。企業が本質的に困っていることについて、銀行はあまり着手していないのである。

かつて、組織の中で私が普通の銀行員をしていた時代には、銀行がやらなければいけないけどやっていない部分の穴を埋めているのが公的産業支援機関で、これらがきっちり機能して日本経済が回っていると思っていた。ところが、この世界に入って実際にはそれがあまり機能していないことに気づいた。

だからこそ、「やれる」と思った。事業者にニーズが山ほどあることは分かっている。私たちには何も武器はないけれど、公的機関や銀行でやらないことをやり、企業のニーズを拾っていけば、仕事は生み出せるのだ。それを実行したのが、ＳＯＨＯしずおかである。そんなことをやったインキュベーションはないし、今だってそんな展開しているところは多くはない。そして、それが結果となって現れてきた。

ＳＯＨＯしずおかでは、インキュベーションマネージャーとして、２００１年２月から２００７年６月30日まで６年半務めた。就任５年で２００件以上の新規事業の立ち上げに関わった。様々な取組みが認められたおかげか、ありがたいことに２００５年２月に「ジャパンベンチャーアワード２００５　起業支援家部門」にて経済産業大臣表彰を受賞した。

## (3) 「はままつ産業創造センター」へ、異例の出向

### 大きな期待とともに新たなチャレンジへ

「はままつ産業創造センター」では、ビジネスコーディネーターという肩書で、SOHOしずおかのときとほとんど変わらない業務を行っている。ここも銀行の指示で行ったわけだが、いうなれば出向のまた出向である。

2007年4月に浜松市が政令指定都市になったのをきっかけに、浜松市でも様々な支援機関をワンストップでつなぐ大きな機関を作るということが計画された。それが、このはままつ産業創造センターだ。浜松市は産業が盛んな土地柄であるためいろいろな支援機関はあるものの、それまで市独自の機関はなかったのである。

もともと浜松市でこのセンター設立の動きがあることは知っていた。静岡銀行から人材が投入されると思っていたが、私が行くことになるとは思っていなかった。

ところが、2007年6月半ば、突然経営管理部からお呼びがかかった。「今度は何だ」と行ってみると当時の担当部長が浜松へ行ってくれという。6年半も出向している行員をさらに出向させるなんて、異例中の異例。全国の銀行員でも、そんな人は少ないのではないだろうか。

もちろんこれには銀行の事情があることも事実である。静銀にとって浜松地区というのは非常に重要な拠点となっており、極めて高度な経営戦略の中で私を動かした（と思っている）。つまり、私の出向はその地盤を固めるための戦略の一つでもあったのだと思う。長期にわたって外に出向させている私を同じ仕事で横滑りさせることはあまりに異例だったので、行内でもいろいろ意見があったと思う。当時、代表取締役は４人いたが、この出向の話を聞いたとき４人の一致した意見だと言われた。やはり、これは経営の意思と言えるだろう。

私にとっても、産業支援という世界の中で継続して活動できることはうれしいことだった。浜松は起業家精神に溢れて実績もあり、企業を支援する者にとってはとても魅力的な土地である。しかも、ありがたいことに地元の人は喜んでくれていたという。少なからずＳＯＨＯしずおかの活動は広まっていたので、「小出みたいなやつが来たらいい」と思ってくれていたようだ。

もちろん、ＳＯＨＯしずおかを去るのは寂しかったけれど、それ以上に静銀がさらなるチャレンジを期待してくれてチャンスをくれたことがうれしかった。

はままつ産業創造センターは本来、主な活動を創業支援に置いているが、地元の中小企業に元気があることもあり、月間70件相談受けている中で9割が既存企業の人たちであった。ＳＯＨＯしずおかのときでも6割程度である。私の考え方や支援方法が皆さんに広く浸透していたと言えるのかもしれない。創業についての相談はわずかで、既存企業の新規事業のプロジェクトや、新商品開発についてが圧倒的に多かった。

## ⑷独立し「富士市産業支援センター」のセンター長に

### 熱心なオファーに心が動いたものの…

もともと富士市は紙・パルプ工業が盛んで、工業都市として栄えてきたが、近年は紙・パルプ業界が厳しい状態にあり、町全体の産業の需給が急速に衰えてきている。そのため、市は産業支援センターを設立し活性化につなげたいと考えたのだろう。

以前から、富士市の担当者が検討協議機関の団体とともに私のところに来てセンター設立に関する相談をしていた。そのときは私に同センターを任せるというような話ではなく、大きな予算のないところで小規模の産業支援機関をどのように設立すればよいのか、どういった点を注意すればよいのかなどをたずねてきたのだ。

私は、他の産業支援機関等が視察に来てくれたり、あるいは講演に行ったりして、各地の産業支援機関を見てきた経験があり、それをもとにアドバイスをしていた。

ところが、そうこうしているうちに、富士市に来てプロジェクトに参画してほしいという依頼を受けることになる。実は、ＳＯＨＯしずおか時代からテレビなどに出演する機会が増え、様々なオファーがあった。そうしたオファーの中で最も熱心だったのが富士市である。2007年の暮れに担当者が来て、その後、課長代理、課長、部長が来て、最後には副市長、市長からも依頼されてしまう。

私は富士市で生まれ、18歳まで住んでいた。それから離れてちょうど30年経ったときだった。以前から、生まれ故郷を何とかしたいという思いがあったが、この話をもらってからさらにその思いが高まっていく。

ただ、そのためには静銀を辞めなければならない。正直、静銀がすごく好きだし、私の仕事を応援もしてくれる。そして何より、静銀の銀行員でいることに私はプライドを持っている。だから、銀行を辞めることには抵抗もあったし不安もあった。最終的には退職するのだが、どうやって説明しようかととても悩んだ。

## あたたかい応援が独立を支えてくれた

2008年1月31日だったと思うが、意を決して、経営陣に退職と独立について説明した。皆さん、一様に賛成してくれて、静銀と引き続きアライアンスを組むことを求めてくれた。すごい光栄な話である。退職・独立に際してすごく気がかりだったことを、結果的にうまく理解してもらったのである。

浜松での仕事はすごく楽しく、周囲からの期待は大きく励みになった。というのも、着任早々の7月、8月の2カ月でSOHOしずおか時代の相談件数を上回った。たった2カ月でそんなことになるなんて考えられない。このような数字になるには6カ月はかかると思っていた。しかし、地域の方々がすごく支持してくれて、評判も口コミで広がっていた。それなのに、富士市産業支援センターに移るというのはそうした期待を裏切るような気持ちがしていた。

しかし、浜松市からはどんな形でもいいから非常勤の形でも残ってくれないかと言ってもらえたのである。一方の富士市には、浜松で今後も働くことを納得していただけたので、私としては非常にいい形で新しい環境をスタートできることになった。

私はこうしていろいろな方々に支えられて、故郷富士市の産業支援センターのセンター長に就任した。仕事の内容はこれまでの延長線上であって、地域の中小企業の人たち、農業者、商店主、創業者など幅広く企業の相談を受け、様々な支援を行っている。

ただ、これまでと大きく異なるのが、銀行員としてではなく株式会社イドムを立ち上げて、独立した産業支援のコーディネーターとなったことだ。これまでも、この道のプロとして自負と責任感を持って臨んできたつもりであるが、今、私は相談者の多くと同じ経営者となり、さらなる責任を感じている。

相談件数は、静岡時代・浜松常勤時代に比べてさらに多くなっている。月平均約120〜130件で人数は約170人（2009年6月現在）。設立当初、ここまでの相談件数になるとは想像もしていなかった。

講演や官公庁で実施されている様々な委員会に出席するため、毎日、当センターにいるわけではないが、センターで相談に対応する日は次から次へと相談の面談が舞い込んでくる。創業して日が浅くこのように順調にいっていることはまことにありがたいことであるが、息をもつけぬ忙しさである。

もちろん、これだけの相談を私一人で行っているのではない。当センターの体制については後述させていただくが、数名のスタッフと連携・協力している。ありがたいことに大変優秀な人材ばかりだ。

自分自身でも驚くほどだが、こんなにハードな仕事状況であるのは初めてなのだが、大変充実した日々を送っている。仲間や地域の方々との良好な関係の中、助けをいただきながら、今私はコーディネーターとして行うべきこと・行いたいことにまい進している。

# ◆第１章◆ 今求められる企業への支援のあり方

# 1 十分に機能しているとは言えない公的産業支援機関や金融機関の支援

## 制度は十分でも、待ちの姿勢が大きな問題に

### ①公的産業支援機関の支援や制度について

「ＳＯＨＯしずおか」に赴任した当初、私が抱いた疑問は「公的産業支援機関は果たして本当に機能しているのか」というものだった。前述したように、赴任前は、銀行で扱いきれない支援の手薄なところを公的産業支援機関がしっかりカバーし、それで日本経済が回っているとばかり思っていた。しかし、実態を見るにつけ、そうではないことが分かった。

驚いたことは二つあって、一つは、同じような公的支援制度が完璧なまでに整備・網羅されかつ重層していること。もう一つは、企業を支援するために様々な制度を用意しているにもかかわらず、それら制度が積極的に使われていないという事実だった。積極的に活用しよう、機能させようという姿勢もない。これでは、公的支援制度が企業に理解されるわけもなく、有効に活用されるはずもない。

公的支援制度というのは実にばらばらで、国、県、市町村ごとに同趣旨の制度があるかと思えば、国の制度でも省庁ごとに似たり寄ったりの施策がバッティングしている。例えば、「販路開拓支援制度」。これは国では中小企業基盤整備機構が、都道府県では財団法人などが行っているが、これ以外にも各市町村が直に行っているものもある。同じ機関の制度でも、名称は異なるが結局販路開拓につながる制度もある。

一言で言えば、制度が混在しているというのが実態で、これはこの世界に足を踏み入れた当時も今も変わらない。企業からすれば何をどう利用していいのかさっぱり分かりにくく、これでは公的支援制度が有効に使われるわけがない。

はっきり言ってしまえば、公的支援機関が制度を積極的に使わせようとしていないのではないか、とさえ思ったほどである。公的産業支援機関は相談窓口を設けるだけで、「さあ民よ、いらっしゃい」という待ちの姿勢でいる。これは商工会議所も県レベルの中小企業支援センターも同じ。これでは、企業の人たちに情報が行き届かない。

一応、各機関で制度についてのパンフレットは作ってあるが、単に一覧でずらっと並んでいるだけである。ただでさえ、公的支援制度は多いのにこの一覧表を見ただけでは企業は自分に最適な制度がどれか判別のしようがない。そこで、公的産業支援機関がその手伝いをすればいいのだが、同じような制度が重複し複雑であるため、アドバイスする現場も混乱している場面をよく見る。

加えて、公的産業支援機関に企業が相談に訪れたらその先どうなるかが企業に向けて示されてない。そこに行けばどんなことがもたらされ、自分がどうなるのか、このイメージが明確に浮かばない限り、企業はなかなか足を運ばないものである。

公的産業支援をサービス業として考えれば分かりやすいと思う。サービス業の人たちは徹底的に分かりやすく自社のサービスをPRする。M&A仲介企業やコンサルティング会社だって、実績を示して、「うちのところに来たらこうなりますよ」と熱いメッセージを送り続ける。こうした発信を官のセクターはしたがらない。せっかくの制度があるのに企業が行かないのも当然であろう。

## 「融資ありき」が弊害になっている

### ②金融機関の支援について

金融機関の企業に対する支援を見ていて不満・不安に思うのは、自分たちが何をしなければいけないのかという認識がひどく欠落しているような気がする点である。企業に対しては融資を行って事業を育てる程度にしか思っていないのではないか。コンサルティング（営業）を標榜している金融機関にしても、企業への支援とは本来どうあるべきかがいまひとつ分かっていないように思える。

金融機関のDNAなのか「はじめに融資ありき」の姿勢は相変わらずで、メリット先行で考えてしまうところが多い。自行にとってメリットは何か→口座を作ってもらう→次は融資を利用してもらって…という順番で考えがちだが、中小企業支援にしても創業支援にしても、融資は2次的・3次的な話でいいはず。相手のニーズに応えてこそ得られる成果なのだが、最初に成果を求めるため、どうしても顧客との擦れ違いが生じてしまう。

金融機関の人間は取引先のことをよく知っているように見えるが、多くの人がバランスシート上の数字でしか見ていない。見ているポイントは融資ができるかできないか、この一点だけである。これは先ほどのメリット先行型の考え方にも通じる話だ。

顧客が相談をすれば、判で押したように販管率がどうの、人件費がどうの、在庫がどうのという問題点の指摘ばかりで、経営者からすれば言われなくても分かっている話である。銀行員は会社の経営をしたこともなく、起業したこともないのであり、それにそんな指摘目線でばかり見られたのでは、経営者は面白くない。だから、友好なコミュニケーションは生まれにくいし、支援も機能しない。

顧客をサポートするためには、顧客の真のニーズやセールスポイントを発見し、それに対応していくことが前提になるが、このプロセスにおいてバランスシートを見ることはほとんど意味がない。相談業務を進めるうえでは、むしろ「その裏を読み取る」、つまりバランスシート以外のことで読み取ることが重要であって、バランスシートを読むのは最後でかまわないのである。

もっとも、融資を「する」「しない」は本来ビジネスの中身を見て判断しなければならないが、現状ではそれができない人が多くいる。バランスシートで判断して融資できないという場合でも、ビジネスとして面白いかどうかを判断して、仮に面白いと判断されれば、何か手助けできないかを探ってみることも大事だろう。金を貸すことだけがサポートではない。企業への支援はこうした観点で動かなければならない。

## 公的支援制度の承認獲得後のフォローがない

### ③公的支援機関と金融機関の支援姿勢で共通すること

公的支援機関、金融機関ともに共通している問題点は、企業に対して「指導してやる」「支援してやる」という姿勢がどうしても抜けないことである。地域の小さい企業に対して、上から下に見下ろすような姿勢でいる。これでは、経営者との良好な関係・コミュニケーションは生まれないのも当然だ。しかも、先ほど述べたように、会社の経営をしたこともなく、起業したこともない人間にそんな態度をされるのは、経営者として面白いわけがない。

私の場合は、相談に来た人に対して「お互いに意見を交換しましょう」という姿勢をとる。意見交換というスクエアな立場を徹底的に心がけ、相談者に何でも話してもらえる雰囲気づくりをしている。

それに、この両者はもう一つ大きな考え違いをしていることがある。創業支援の基本的な考え方について、以前こんな意見を述べた人がいた。私は、日本を代表する産業支援団体の一つから依頼を受けて、同団体が実施する創業者向けセミナーや中小企業経営者向けセミナーの検討委員会の委員を務めていた。あるとき、その団体の有力メンバーの一人が、「そもそも創業者向けセミナーに来る人たちの中には創業させてはいけない人間がいる。それを阻止するのが我々のミッションだ」と言ってのけたのである。

このとき、この意見が会合全体のコンセンサスとなろうとしていたから、私は「ちょっと待ってください。創業させてはいけない人って、誰が決めるんですか。そのおさえは何ですか」と異議を唱えた。

銀行員の物差しでは成功するわけがないと思ったようなプランでも、大きな結果を生んだ事例を山ほど見てきたから、最初からダメ出しを前提とした議論はないと思っている。やってみないと分からないのがビジネス。例えば「北極しろくま堂㈲」（子育て主婦が始めたネットショップを使ったビジネスで、当初は月商60万〜70万円程度。１０２ページ参照）が最初にスリング（抱っこひも）を並行輸入して販売したいと言ってきたときに、年商２億円のビッグビジネスに、しかもトップブランドに化けると誰が予想できたというのだろうか。

金融機関は融資する立場だから、回収の見込みがないと判断した先には貸さないという意味で結果的に事業をやめさせてしまうということはあるかもしれない。

しかし、公的産業支援機関であれ金融機関であれ、創業段階で事業をやめさせるのが自分たちの使命であるという考え方は決定的に間違っている。

公的産業支援機関や金融機関でよく実施されている、創業者向けの取組みの目指すところは、一人でも多くの起業家を生み出すこと。事業に関して何か問題があるというのであれば、やめさせるのではなく、その問題に気づかせるべきである。気づかせたうえで、本人がそれでもやりたいというのであれば、やめさせる権利はない。最初から創業をやめさせるという発想は、それこそ問題点指摘型の最たるものではないだろうか。

以上のように、公的支援機関の姿勢は一事が万事こんな感じである。金融機関にしても、硬直した予断や狭い物差しがいまだに支配的である。これでは、何度も言うようだが企業との良好な関係やコミュニケーションは生まれるはずもなく、よって事業支援の実効は上がらない。

こうした支援姿勢に通じる部分もあるのだが、さらに問題なのが公的支援制度の活用とそのあとのフォローである。

金融機関における中小企業支援でよく活用する制度として、中小企業経営革新支援制度がある。実際にこれらを取得することはそれほど大変でないため、わりと利用されている。ただ、こうした支援制度の承認を取ったものの販売促進に結びついたかというと、そういう事例ばかりではない。承認を取ったことで満足してそこで止まってしまうこともあるのだ。

当然ながら、企業を支援することは国や都道府県の認定を取ることが目的ではなく、事業を展開するためにその認定をどう活かすかが大切である。またはそれによって新たな収益機会をいかに設けるかである。制度の申請には書面を作成するが、机上で計画を立てることより、それをいかに実現していくかといった目的性や戦略性のほうが重要であるのだ。

公的産業支援機関にも言えることだが、制度認定の数を競っているようなところがある。そういったところは認定を取ったあとにきちんとサポートしていくという思いが欠けている。主客転倒しているようなことが現実にあるのも実情である。

## 2　今求められるのは、企業をきめ細かく支援する「コーディネーター」

### アイデアで人や物を結び付ける

残念ながら、多くの公的産業支援機関や金融機関は企業に対して十分な支援を行っていると は言えないと前項で述べてきた。

ここでは、公的産業支援機関や金融機関がどのような支援を行えばよいかを考えていきたい。

私の考える支援の本質は、「企業の真のニーズをつかんで、それに対応して支援すること」である。しかし、経営者自身が真のニーズに気づいていないケースが多く、掘り起こす作業が必要である。それにそのニーズは百人百様であるため、ありとあらゆる悩みや要望に対応していかなければならない。それらは簡単な仕事ではないが、支援が成功したときに得られる相手からの信頼感は大きい。

金融機関であれば、その先の取引関係はより強固なものとなる。金利競争や訪問頻度を上げることで取引をつなぎ止めようとする消耗戦とは、まったく次元の異なる活動が行えるようになる。

ただし、企業のありとあらゆるニーズに応えていくためには、企業の持つ最大のセールスポイントを把握しておくことはもちろん、様々なソリューションや幅広い知識を備えておく必要がある。しかし、これを自前で実現できるのはごくごく一部の機関であり、多くの公的産業支援機関や金融機関でも難しく、もちろん営業担当者一人では到底かなわない。

したがって、公的産業支援機関や金融機関が行うべき支援とは、企業の真のニーズや問題点、さらにセールスポイントを掘り起こし、それに応えられる場合は自身で対応し、応えられない場合には問題解決につながったり、可能性を拡げることのできる最適な専門家や機関等につなぐことだと思われる。これは、アイデアで人や物を結び付ける、いわゆる〝コーディネーター〟のような活動である。もちろん、簡単なことではないし、だからこそ経営者に感謝されることではないだろうか。

事実、公的産業支援機関や金融機関の人間がコーディネーターとして活躍することは社会的要請を伴っている。

中小企業庁では、２００８年度から、日本の強みである「つながり力」を強化することで中小企業の生産性を向上するため、経営力の向上や事業承継等、中小企業が直面する課題に対してきめ細やかな支援を行う「地域力連携拠点」事業を実施している。

この事業においては、中核となって中小企業の支援に当たる「応援コーディネーター」が各拠点に配置されることになっているが、この応援コーディネーターの担い手として期待されているのが公的産業支援機関や金融機関などの人間である。

地域力連携拠点は327カ所（2009年3月31日現在）あり、全国の商工会連合会や商工会議所、地方銀行、信用金庫などが参画。中小企業庁は中小企業への支援のさらなる強化を目指し、今後も同事業の参画者を募りながらよりしっかりした態勢の整備を目指している。

そうした中でも特に同庁は、地域金融機関に対して地域との関わりの深さを生かした働きに大きく期待しており、地域力連携拠点事業への参画を積極的に呼び掛けている。また、この事業での協同者とも言える公的産業支援機関には、その人脈の広さや企業を見る力を生かした〝コーディネート型支援〟が期待されている。

## 社会的にも金融機関にも重要なカギに

しかし、実際に支援を受ける中小企業が金融機関にどのくらい期待しているかというと、これはそう大きくないようだ。金融機関の顧客の多くは、経営課題などの重要な問題を金融機関が解決してくれるとはあまり期待していない。普段、金融機関と接する機会の多い人ほど、金融機関の人間にはそうした支援能力が足りないと思っている。

それでは、他に頼ることができる機関があるかというと、そうあるわけではない。しかし、厳しい経営環境の中、多くの企業は何かしらの問題を抱えており、その解決は喫緊の課題となっている。今の企業は本当に「待ったなし」の状況だ。

先ほど多くの企業は金融機関の支援をあてにしていないと述べたが、多くの企業が以上のような状況だからこそ、各金融機関は企業の抱えるあらゆるニーズ・課題をしっかりと把握し、その支援・解決をする「コーディネーター」になることが重要なのである。そうすれば、他の金融機関との差別化が図れ、顧客に優位性をアピールすることができ、冒頭で述べたように金利競争や訪問頻度を上げることでの競争から脱却できるというわけだ。

また、そうした支援の最前線で活動した金融マンは、顧客から信頼を得ることができ、自ずと営業成績が上がるはずである。難しい経営をする中で問題や悩みを抱えていない企業というものはない。その悩みを聞いて問題解決を図り、一歩一歩深耕していくのが営業の王道であり、本当のニーズに応えていくことから取引が始まる。それが、体力を消耗することなく顧客を開拓する方法であり、盤石の営業基盤を築くことができる早道である。

金融マンとしてはその醍醐味を強く感じることができる。コーディネーターとしての体験を積むことで本当の金融マンになれる。最強の地域金融マンとは、地域に密着してその地域を育てられる人ではないだろうか。つまり、地域で圧倒的な信頼感、圧倒的なネットワーク力を持っている人のことである。そうした人物は、金融機関という組織を超えた存在として地域の中で期待され信頼される人物になる。

こういう人材が社内にいることは、地域に貢献するという経営理念を掲げている地域金融機関にとって誇らしいことではないだろうか。というより、地域をプロデュースできる人間を育てることこそ地域金融機関の責務というべきかもしれない。

各金融機関は、今後、顧客や地域から大きな信頼を得る「コーディネーター」を数多く採用・育成し、企業や産業への支援を経営計画の大きな核と捉え、コーディネーター人材を十分に活用していただきたい。

# ◆第2章◆

# コーディネート型支援の進め方

# 1 企業への支援の基本と支援策の考え方

## 企業に必要なのは「オンリーワン」「情熱」「行動力」

起業が成功するための3要素というものがある。

一つは「オンリーワン」、これは商品やサービスに高いオリジナリティがあるということ。言い換えると、事業戦略上、明確な差別化が図れるということ。どこにでもある同じような商品・サービスは埋没する。それは、何か特別なものがなければ、消費者は選択する理由を持たないからである。他社にはない独自性があるからこそ、新規事業も新商品展開も創業もうまくいくことになる。

二つ目は「情熱」、もちろん事業を引っ張る経営者こそ持ち得ないといけないものだが、しかも瞬間的な情熱ではなくて、継続的なもの。瞬間的な情熱を持つ人はよくいるが、一時だけモチベーションが高くても、持続できなければ企業は成長経路にテイクオフできない。

三つ目は「行動力」。なぜあえて行動力かというと、頭でどんなに素晴らしいアイデアを思いつていても、前に一歩踏み出せない人がけっこういるからだ。最後はやるかやらないかの思いきりなのだから、そこを踏み出せるかどうかがカギとなる。オリジナリティが高く情熱も持っているけど実行に踏み切れない場合は絶対に効果が出ない。

このことは、私の前著『あなたの起業　成功させます』（サイビズ）でも書いたが、実はこの要素は起業のみにあてはまるわけではない。既存の企業が新事業を立ち上げたり、新商品を展開したりといった新しい試みを成功させるための要素であり、ひいては事業をうまく継続させるための要素とも言える。

もっと言ってしまえば、企業が〝成功〟するのに必要な要素なのである。何を持って企業が成功すると言えるのかとご指摘を受けそうだが、それだけ大げさに言ってもいいくらい企業の存続に重要な要素と考えていただきたい。

## どんな企業にだって支援していくべき

これを踏まえて、企業を支援する立場の人間はどう考えればいいかというと、「この３つの要素をすべて備えている企業ばかりではないから、足りない場合はそれを補完する支援をする」と考えてもらえればいい。と言うと、反対に「三つの要素をすべて備えている企業には支援はいらないのでは？」と思われるかもしれない。ところが、そうではない。これら三つの要素をすべて持っている企業は生き残るし、いずれ実績を上げると思うが、「より効率的にする」「時間を短縮する」ための支援もある。

したがって、企業を支援する業務に携わる人間は、どんな企業でも支援をすればいいし、たとえ事業が順調にいっていて支援が必要ないと思われる企業にだって支援していくべきだと思う。

個別の具体的な支援策については、各企業をしっかり見てそれぞれにあった支援を行う必要がある。そうすれば、必ず効果はあるし、効果が出れば企業に喜ばれる。いい支援は企業に嫌がられるはずもなく、何も臆することはない。どんどんやってみるべきだ。

では、支援策についてどのように考えていけばよいか、具体的に述べていこう。

支援策を見つけ出していく手順を考えると、まず行わなければならないのは、①〝企業が成功する〟ために必要な「オンリーワン」「情熱」「行動力」の3要素が当該企業に備わっているかを見極めることである。そのうえで、②足りない要素がある場合はそれを補う支援を行う。③すでに三つの要素をすべて備えている企業もしくはこれまでの支援により3要素を備えた企業の場合は、成果に至るまでの道のりをいかに効率的に進められるかを考えて支援策を提示していく。

上記①～③の流れで具体的な支援策を見つけていくことになるが、詳しい方法については分かりやすいように「オンリーワン」「情熱」「行動力」の要素ごとに、①の3要素見極めと②の3要素を補う支援策の考え方についてまとめて説明していくことにする。

## オリジナリティを高めるためのアドバイスをする

### ①3要素の見極めと②不足要素を補う方法について

最初に「オンリーワン」についてだが、その見極めでは、企業の持つ技術や商品・サービスなどにオリジナリティの高いものがあるか、さらにそれらがどのくらいのオリジナリティの高さなのかを計っていく。言い換えると、企業の〝光る〟部分（本当の価値やセールスポイントと言える部分）を探していけばいい。

こういう話をすると、世の中で言う〝目利き〟能力が必要と思われるかもしれないが、そんなことはない。確かに、自分自身で見極められることにこしたことはないが、高度な技術については多くの銀行員が分かるはずもない。それならばどうすればいいかというと、当該企業の経営者本人に同業者で同じことを行っているところがあるかどうかを聞いてみればいいだけである。その業界で生きている経営者であれば当然分かることだし、間違いのないことだ。また、同業者に当該企業の技術を（名を伏せて）聞いてみるのもいいだろう。

このような見極めの結果、オリジナリティがあまり高くない場合やオンリーワンと言えるまでには至っていない場合は、その光る部分をどのように展開していけばオリジナリティがより高まるかをアドバイスする。事業で思うように結果が出せないのは、戦略の組立て方やオリジナリティの持たせ方・見せ方に問題があることが多い。光る部分を柱にして、これらに着眼してみると、多くの場合、オンリーワンを生み出す施策が見えてくる。それをアドバイスし体制整備などの支援をすることでオンリーワンを確立する。

具体的な事例を紹介すると、マーケティング会社の㈱アイ・アンド・プラスは、エコロジーをコンセプトにしたブランディングでオンリーワンを仕掛けた。ホームセンターで一般的に売られているガーデニングキットは、素材がプラスチックで作られ、いかにも安っぽかったり使い勝手が悪かったりで、およそ高級マンションの価格に似つかわしくない商品が多かった。そこで、高級マンションのベランダの雰囲気に合うガーデニングキットを開発した。

私がアドバイスしたのは、マンションの住人に向けて「あなたも温暖化防止に参画できますよ」と訴えたらどうかというものである。

当時、都市部はマンションが増えていた。その新しいマンションのベランダをすべて緑化したらどうかという話をした。いわば「ベランダ緑化作戦」。屋上緑化は以前からあったけど、ベランダ緑化はなかったので、顧客にとってこの商品は目新しい。よって、商品にはすでに訴求力がある。

だから、先ほどのようなＰＲを行い、顧客に「私もエコに参画できるんだ。ただガーデニングをやるわけではない。面積としては狭いが、私も地球温暖化防止に参画できるんだ」という参画ニーズをくすぐろうと考えたわけである。

結果、近年の注目度の高さから、エコロジーをキーワードにしたとたん、新たな付加価値が加わり注目度が高まった。商品の力ももちろんあるが、このブランディングは目論見どおりだったわけだ。

以上のように、オンリーワンについて支援を行えば、ある程度の成功への道筋は見えてくる。これを持とうとして多くの企業が頭を悩ませていることなので、特に重視していただきたい。それに、多くの経営者の頭の悩ませどころであるだけあって見つけ出すのは簡単ではないし、だからこそコーディネーターとしての腕の見せ所になるということを覚えておいてほしい。

ちなみに、経営者の中には、自分の会社でしか行っていないことだと分かっていても、それが売りになるものであると自覚している人は少ない。私が相談を受けた経営者の中には、日本で唯一の高い技術を持っていてもその存在価値をしっかり分かっていなかった人もいたし、自社にしかない特徴であるのにそれをマイナス部分としてしか捉えていない人もいた。こうした経営者に対しては、自社のオンリーワンやオリジナリティの高さを明確に認識してもらうようにしてから、それを補う支援を進めるとよいだろう。そうでないと、よい戦略は生まれにくいし、取組みの途中で進むべき道筋を見誤ったり、見失ったりしてしまう。

次に、「情熱」についてだが、これは相談を受け支援をしている中で経営者を見ていれば分かる話だ。ただ、ここで求めたいのは継続的な情熱であるので、長期にわたる支援の中では経営者のやる気が減退してくる時期もあるかもしれない。それに対し、やる気を取り戻せるようなアイデアの提供や励ましなどを行って、ともに取り組んでいることを印象付けるといいだろう。

最後の「行動力」についてだが、これも経営者とともに行動しているうちに分かってくるものである。行動に移す力が弱い経営者も思い切りの悪い経営者もいるが、そうした人たちには新たな行動に移りやすいようにできる限りお膳立てをしたり、自信を持たせるように励ましたりする必要がある。ただ、いくら次なる手だてを提示して方向性を示しても、やる前から自ら難しいと思ってトライしない人は深追いしないほうがいいかもしれない。

## 成功への道のりを補助する

### ③効率的に成果を上げるための支援について

では、この三つを備えている（支援で3要素を備えた）企業に対しては具体的にどのような支援を行えばよいのだろうか。先に、成功に至るまでの道のりをいかに効率的に進められるかを考えればよいと書いたが、こうした企業は道のりがしっかり見えているはずなので、それを実現する手助けをすればいい。

例えば、専門家の派遣や公的制度申請の手引き、専門機関の紹介等である。中小零細企業や商店等の場合、人員が少ないとの理由から経営者自身が現場に出て忙しく働いているケースもあるので、そうした手助けを行い、円滑に事業が進められるようにしていただきたい。

ただし、注意していただきたいのが、専門家や企業等の紹介では必ずその道のプロを紹介することだ。経営者の希望をかなえられる腕を持った人を紹介してほしい。

このように支援策を考えていくわけだが、支援策の中には資金に関する施策が必要なときもあるだろう。

そこで気をつけたいのは、企業に過剰なリスクをかけないことである。借入れが極端に大きかったりすると、負担の重さに耐えかねて事業が長続きできないことがある。銀行は融資先行で支援を考えるが、私はなるべく金を借りないように考えるし、企業にもそのことを研究させる。

かける資金は最小限でやる。できるだけお金をかけないで結果を出す。そこを埋め合わせるのが我々の知恵であり、企画力である。

# 2 こんなにも多い企業の相談・悩みにはこうして対応しよう

## ⑴相談ニーズの高さと多い相談内容について

### 相談の段階・次元は各社様々

私がこれまで多くの相談を受けてきた中で、一番頻度の高い相談内容は新規事業に関するものだ。「新商品を開発した（または新規プロジェクトを始めた）が、パフォーマンスが上がらない」といった内容である。中には、商品・製品の試作段階で相談が持ち込まれるケースもあった。

また、企業として新しい方向性を模索したいという話も多い。「既存の商品はあるのだが、現状が行き詰ったので新しい分野に入りたい。どう考えたらいいか」とか、「こんな分野にチャレンジしたいのだが、どうしたらいいか」などなどである。

特に興味深かったのは、㈱ホト・アグリの岩井万祐子さんのケースだ。2008年2月、幼菜類の集まり（今から思えばベビーリーフ）を持ってきて「うちの技術でこんな商品ができました」と見せてくれた。売り方について自信がないのでアドバイスが欲しいという相談である。岩井さんはそれまで研究ばかりしてきて、やっと商品化したものの、研究者ゆえに市場について詳しくないように見えた。まずは近くのファーマーズマーケットにでも置こうと考えていたようだ。

同社は、２００５年9月に設立されたベンチャー企業。代表取締役の岩井さんがそれまで続けてきた、農業分野への光技術の応用に関する研究・技術をもとに起業した。その研究・技術とは、発光ダイオード等の光を活用して、野菜を高栄養価化するというもの。照射しない場合と比較すると、ポリフェノールの含有量は2～3倍、ビタミンCは数倍になるという。また、同じような研究は様々な機関で行われているが、市場に出せるほど安定的に生産させることができるのは、ひょっとしたら岩井さんが初めてかもしれないということだった。

それらを聞きながら、私は「これはすごい研究だ」と身を乗り出していた。健康志向と安全志向の高まる現在において高く評価されるに違いない。だから、褒めに褒めまくったのである。後日、岩井さんに「気持ち悪いくらいに褒められた」と言われるくらいの勢いがあったのだと思う。それくらい私は興奮していた。

このような新規事業相談が数多く持ち込まれるのだが、最初の相談では漠然としたものから具体的に売り方や広告の打ち方、研究・開発のための共同研究者や販路先等を探すものまでと実に幅広い。相談者は自分の頭の中が整理されてないままであるケースもあるが、多くは自分の真のニーズが何なのか気付いていない状態で相談に来ている。そのため、我々としてはその真のニーズはどこにあって何なのかを掘り起こしていくという作業が必要となる。そして、相談者自身にも自分の本当のニーズが何なのか分かるように導いていかなければならない。

## 相談は月間約120〜130件もの数に増加

私のところに来る相談の件数は、静岡市から浜松市、浜松市から富士市と配置場所を変わるごとに増えてきている。SOHOしずおかのときの相談件数は月間平均60件、来場者は100人。はままつ産業創造センターのときはコンスタントに月間70件ほど、多いときで75件。人数は百数十人。富士市産業支援センターでは、月間約120〜130件で人数は約170人である。

こんなにも多くの相談があるというのは、私たちの取組みに対する注目度が上がってきたからだとも思う。もっとも、先述したように多くの企業は問題を抱えており、潜在的に相談ニーズが高い中で、我々が何でも相談に来てくださいと広く声掛けしてきたことが大きな要因だろう。さらに、我々の敷居の低さが口コミで広まったということも相談数の増加に貢献していると思われる。

さすがに、今多くの相談をすべてこなせているのは、私以外の二人のコーディネーターと、その他のスタッフの協力があってのことである。

金融機関の皆さんの多くは、営業の成果を求められる中で、様々な業務による時間の制約やニーズ発掘の技術等の習熟度から限られた中での対応しか図れないだろう。しかし、できる限り多くの相談を受けられるように、顧客と常日頃からコミュニケーションをとったり、情報収集のアンテナを高めたりと努めていただきたい。

## ⑵相談対応に臨む際の姿勢について

### 相手への共感やリスペクトを持つ

相談を受ける者として一番大切なのは、相手と同じ目線で捉えて一緒に考えるというフラットな姿勢を忘れないことである。分かりやすく言えば、「私が支援します」というのではなく、「お互いに意見を交換しましょう」というスタンスだ。

銀行の場合、ともすれば「支援してやる」というように上から見下ろすかたちで相手を見てしまいがちで、かつ問題点ばかり指摘するやり方になっていることが多い。特に、事業規模が小さい企業や業歴が浅い企業、従業員が少ない企業、それに肩書きがない者を軽く扱う傾向があるが、こうした「上から目線」は相手との距離を遠ざけるだけだ。

相手とのフラットな姿勢をとりながら、持っていなければならないのが、経営者に対する「共感」である。問題を解決したい、新しいことに挑戦したいという経営者の問題意識ややる気を汲み取り、自分自身も同じように高いモチベーションを持つ。これは、経営者と同じ目線で一緒に行動するうえでは本当に欠かせないことである。

ただし、いくら共感といっても、例えば企業の問題点については経営者と一緒に落ち込んだり否定的になるのではなく、問題点として理解するにとどめ、逆に前向きに促す対応をすべきである。

加えて、重要なのが相談者に対する「リスペクト」だ。私の持論だが、どんな企業であっても必ず〝光る〟部分を持っている。光る部分とは、企業の本当の価値、セールスポイントと言い換えられるが、各企業のそうした部分に着目し尊敬の心を持つ。ただし、必ずしも経営者がその光る部分に気が付いていなかったり、はっきりと分かるかたちであるわけではないので、面談や訪問をする中で見つけていく。なお、経営者のやる気や挑戦などにもリスペクトを持って接することは重要である。

このように、共感やリスペクトすることによって、私の相手に対する距離感は近づいていく。同時に、相手の私に対する距離感も近づき、親しみや信頼感を持ってもらいやすくなる。そういう意味で、経営者に話しやすい雰囲気を作っているのかもしれない。

## ⑶ヒアリングやウオッチングのポイントと注意点

### 真のニーズやセールスポイント等を見極める

相談対応時に最も重点を置きたいのは、企業の真のニーズの見極めだ。これは、コーディネート型の支援でキモと言える部分である。経営者が口にしている悩みと実際の悩みは必ずしも同じではないことが多い。そのため、面談等の中で見つけ出していかなければならないのだが、簡単にいくケースばかりではない。

と同時に、この段階では当該企業の「セールスポイント」と「ウィークポイント」を明確にしていかなければいけない。年商50億円、60億円という中堅企業の経営者でも、自社のセールスポイントのど真ん中を射抜いて認識しているかというと意外に外していることが多い。これは、ウィークポイントについても同様のことが言える。

経営者にはこれらに気づいてもらうことが必要で、特にセールスポイントは何かを見極めることが企業への支援のスタートとなる。これらの見極めが十分なされないままでは、経営者に言われたままのうわべだけの支援になりかねない。

「経営者は意外に自社のセールスポイントやウィークポイントに気づいていない」。少し大げさかもしれないが、これを前提にしておくべきだろう。

しっかり相談内容を聞き取ることはもちろん、事業内容や販路、技術、従業員、製品・商品など企業状況を詳しくヒアリングしていく必要がある。と同時に、製品・商品、試作品、パンフレット等、時には訪問して使っている機械・設備等を実際に見て説明をしてもらい、具体的にどのようなものなのかを把握することも重要だろう。

近年、何も考えずに言われたままのことしかしない〝デジタル的な思考〟の人が多いように思う。経営者から思うように商品が売れないから販路拡大したいと言われたら、販売先の紹介のみをするなどといったケースがほとんどである。

例えば、新規事業として農業を始めた企業があったとする。経営者から、土質が悪いから農作物ができないという問題を聞いたときに、すぐに土地改良業者を紹介するといった短絡的な対応をするケースが見られる。普通に考えれば、土質の問題もさることながら新規に農業を始めたがゆえに、農業のノウハウが足りないところに問題の根源があるだろう。

このように、一時的な改善にしかならないとか、ピント外れの対策しか示せないと、本来の問題解決にはならない。経営者のニーズの核となることは何かを見極めるために、「なぜ」「どうして」と常に疑問を持ちながら、注意してヒアリング・ウオッチングをしていただきたい。

## 豊岡クラフトへの相談対応の実例

ではここで、相談対応の具体的なテクニックを学んでいただくために、私の実際の事例を紹介したいと思う。

第3章の1で紹介している㈲豊岡クラフトのケースである（114ページ参照）。この会社は木製製品を製造・販売している会社で、最初に来訪されたときは売上不振をなんとかしたいという相談だった。カタログを見せてもらいながら話を聞いてみると、自前の販売店舗を持たず、カタログでの通信販売やOEMで商売をしていた。実は、そのOEM先の業績が起因し売上げが伸び悩んでいるという。

そこで、カタログ販売のメイン掲載先と、そのOEM先を聞いてみた。カタログ販売のメイン掲載先は誰もが知る最も有名な通販雑誌、OEM先は高級文具を販売しているということで有名な大手書店「丸善㈱」だった。私はあの丸善ということを聞いて驚いたが、社長の山﨑肇さんはそれを当たり前という感じで普通に答えたのである。

有名ブランドとして売るほどの商品を揃えながら、社長本人が超一流商品を作っているということを強く認識しておらず、これが同社の可能性を低くしていたとも言える。

この相談が持ち込まれた際に私が考えたのは、相談は社長が期待するように物が売れていないということだから、その理由を探ってみようということだった。そして、話し合いを始めて30分程度で、社長本人が気づいていないセールスポイントが見えてきた。

販路の紹介をしてほしいと言われたときは、このような考え方が有効だと思う。それに、ブランディングに問題がある企業は少なくないので、この着眼点を持っておいて損はない。

私が実際に提案したのは、詳しくは第3章で説明するが、航空会社の通販カタログへの掲載とネットショップ（ビジネスブログ）の活用である。さらには、製品の品質のよさと社長のいい製品づくりへのこだわりが見て取れたことから、「銀座のデパートでも売れるような高級な時計入れを作りましょう」とアドバイスし、新商品開発にまで話は進んでいく。

社長からすれば、売上不振の相談で来たのだから、新たな販路を紹介してくれるだけだと思ったのかもしれない。しかし、このケースの場合は、問題の核心は販売力云々の前に、ブランディングの課題であったことに気づく。結果は、販路拡大につながったうえに、正しいブランディングや新商品展開、専門家の紹介などを提供したことから、社長には大変喜んでもらったのはもちろん、具体的な成果となってあらわれた。以上のような問題解決の決定打を打てたのは、真のニーズやセールスポイント、ウィークポイントとなっている部分をきちんと押さえていたからこそである。

## 会話のイニシアチブを握る

このようにして、私は真のニーズ等に迫っているわけだが、その際に注意しなければいけないのは会話の流れと展開の仕方である。経営者の真のニーズを引き出すには話の行間を読むようにしっかり聞き込むことが重要なのであり、それにはまず話をしてもらわない限り何も進まない。話を待っているだけでもだめだし、聞きたい内容を引き出していくにはこちらからの話題の投げ込みがカギになる。

私の場合、直接ズバッと切り込んでいくことももちろんだが、経営者の話を聞きながら、こちらのアイデアをどんどんどんどん出していくようにもしている。私の出すアイデアは、経営者にとって「えっ!」と驚いたり、はっと気づいたりするものが多いようだ。経営者から見れば、私は業界の外部の人間で、だからこそ発言が新鮮に映るし、それをベースにしてさらにディスカッションを深める。それで両者の間で、「だったら、こうかもしれない」「でなければ、こうだ」といったやりとりを行い、今後の方針を決め展開について内容を膨らましていく。

と同時に、企業には企業それぞれの許容量（例えば、技術力や業務内容、事業規模、考え方など）があるから、面談の中で私の話に相手がどんな反応をするかを見て、「これはあまり食いつかないな」「この話には乗ってきたな」ということから、その経営上の関心のありかをつかみながら話題の矛先を決める。経営者はそうした私との会話の中で、自分の会社の特徴や経営資源等を鑑みながら、どれならできるかを選んでいるのだと思う。

こうした会話展開で、私が重要視しているのが「イニシアチブを握る」ことだ。例えば、競争が厳しい車や住宅のトップセールスマンの話を聞くと、会話の主導権は必ず彼らが握っている。それはどうしてかというと、彼らは話題も豊富で、切り口もいろいろ持っているし、それでいて彼らばかり話しているのではなく、相手の話をしっかり聞いているからだ。顧客からすれば、これでつまらないはずもなく、セールスマンにがっちりと心をつかまれてしまう。私はセールスマンではないが、彼らのようにイニシアチブを取ることで、相手の心をつかんで会話をスムーズに進めるようにしている。

ただし、私の言うような会話展開をしていくには、相手の話についていけなくてはならない。そのためには、様々な業界の話を、つまらない話でもいいから知っておく。深く知っている必要はないが、その業界はどんな感じか、多少なりとも知識があるのとないのとでは、コミュニケーションの深さに雲泥の差が出てくるものだ。あるいは仕事の流れはどういうものか、これをうっすらでも知っていれば、話の踏み込み方が違ってくる。これはひょっとしてこうかもしれない、あれかもしれない、これをこう組み立てるとこうなるかもしれないと、様々なシミュレーションが生まれ会話の選択肢も幅広いものになる。

とはいっても、多くの企業の相談を受けていれば、中にはよく知らない業種や先端技術があったりするし、経験の少ない若手の人であれば知識は浅いこともある。そういう場合は、知ったかぶりをするより、正直に知らないことを言って教えてもらったほうがいい。聞きまくって、相手にうるさがられるかもしれないが、逆にそれで会話のイニシアチブを握ることにもつながる。しかも、少なからず、相手にその事業について自分が興味を持っているということも示すことができる。

会話は言葉のキャッチボールと言われるが、雑多な案件が持ち込まれる相談業務では、どんな荒れ球や変化球でもしっかり捕球できる守備範囲の広さと即座に相手の胸元に返球できる瞬発力とコントロールが必須と言える。

## (4) 相談してよかったと相手に思わせる方法

### 相談者に驚きを与える

相談に来た方に「相談に来てよかった」と思ってもらう、これは私が心がけとして大切にしていることである。わざわざ私のところに来てもらっているのであるし、私の支援は1回きりの相談で終わるわけではないので、何度も足を運んでもらう必要がある。それには、「小出に相談してよかった。また、相談に行こう」と思ってもらわないといけない。金融機関の場合は自ら訪問しているが、やはり「□□銀行の○○さんに相談してよかった」と思われなければ、次からの相談は生まれないのではないだろうか。

私は、相談に来た方々に対して驚きを与えている。相談者の驚きの源泉は何かというと、思いもつかないアイデアや本人が気づいていない価値。それを提示したり指摘したりするのである。先に少し触れたが、そもそも私の社会人生活の大半は銀行員であったし、相手からすれば私は自社の関係事業についてズブの素人。だから、私の意見が新鮮に映るということもあると思うが、私は相手の思いがけないことや気づいていないことを意識して言うようにしている。そうすれば、相手は「なるほど」と感心してくれて、また来ようと思ってくれるのである。

これをテクニカルに分析すると、私は相談という形の「コーチング」をしているのだと思っている。上から下への「ティーチング」ではなく、教える側と教わる側とが対等の関係でコミュニケーションをとりながら気づきを与える、あのコーチングである。

## 的確に褒めちぎる

あと、ある意味、気づかせるという面では同一線上にあるのだが、相手を褒めるということも行っている。少しでも〝光る〟ものであれば、「これはすごい！」と信じ切って褒める。なおさらいいのが、本人自身が気づいていないいい部分を褒めること。コーチングでいう「認知」と「賞賛」というやつである。

ただし、褒めるべきでないところをいくら褒めても空振りに終わる。褒めるのはおべんちゃらとは違う。褒めるときは、具体的にピンポイントで褒める。しかし、単に現象面だけを褒めるのではない。なぜ私がすごいと思うのか、その理由をしっかりと伝える。そうすることで、一言一言が相手の心に響き、説得力が増す。そのためには、光る部分を発見し的確に表現するスキルも必要である。

多くの人が「初めて褒められた」と感激してくれるが、そう言った人も褒められたのは私が最初ではないかもしれない。しかし「これこれはこうだから、あなたのやっていることはすごいですね」と私に言われたことで、初めて褒められたと思うのだろうし、耳にも残るのかもしれない。

それに、経営者が私のところに来たときは大変悩ましい話になっているのが通例で、周りの賛同が得られなかったり、協力が得られなかったり、解決策がどうにも見つからない状態だったりする。そうした中、私は話を聞いてその企業のいいところをすごく褒める。実際は経営者自身そこに自信があるのかもしれないが、「これはすごい！」とめちゃくちゃに褒めてその価値を認めることによって、相手に決定的な自信を持たせることができる。それで、経営者は「あっそうか、それならいけるじゃない」と気づくようだ。

「小出さんのところに行くと、勇気をもらってやる気が出る」とよく言われるのだが、常に私がこの姿勢を貫いているからであろう。

# 3 実際の成功事例や既存媒体を活用してアドバイスや提案等を行おう

## 人気商品の見せ方等でブランディング例を説明

経営者からの相談を受けているとき、私は私のアイデアや世の中で流行っているもの・売れているもの、発想や考え方のヒントなどを説明・紹介し、アドバイスや提案等を行う。その際、最も心がけていることは、相手が理解・納得できるように分かりやすく表現することである。

その工夫の一つとして行っているのが、事例の紹介だ。中小企業診断士などの専門家の話で多く見られる光景に、例えばＳＷＯＴがどうとかチャートを使って会社の価値を説明することがあるが、こういう理論的な話は経営者にはあまりピンとこないようである。話をするなら、理論より実例、昔の話より最近の話、どこかの遠い話より身近な話が理想的である。実物が手元にあればより説得力があるが、物を見せなくても、みんなが認知しているような事例だったらイメージは伝わりやすい。

その点、人気商品の話は受けがよく、どうしてこの商品ができたのかそして売れたのか、その背景や考え方を例示すると相手に伝わりやすい。物によっては、実物を見せながら説明するとより理解が深まるようだ。

メーカー自ら、消費者がその商品を買う理由も作ってしまうという、非常に分かりやすい市場開拓の例がある。

2009年1月中旬、私はコンビニエンスストアでパッケージの文字がすべて逆に印刷されたチョコレート「逆チョコ」を発見し思わず手にとった。メーカーの森永製菓㈱（以下、森永）のプレスリリースを見てみると、その新市場開拓の手法の巧妙さに感心した。

子どもからシニアまでチョコレートが行きわたってしまった今、メーカー各社は新たなマーケットを必要としている。森永は、チョコレートの年間消費量の4分の1以上が集中するというバレンタインデー市場で、今まで買い手ではなかった男性にチョコレートを買わせる理由を作り、需要を一気に広げようとしたのだ。

プレスリリースによると、同社は女と男のバレンタイン意識調査を実施し、もらえるのであれば女性だってバレンタインデーにチョコをもらいたいと思っているという事実がデータによって裏付けられているとした。そこで文字を逆さに印刷した〝逆チョコ〟を開発しバレンタインデーに向けて発売したのである。「今年は逆チョコ」とキャッチが書かれたチョコレートを見つけて思わず手にとってしまった男性も多かったのではないか。

サントリー㈱（現在、サントリーウエルネス㈱）の健康食品である『マカ　冬虫夏草配合』の話も分かりやすい。ある有名な作家の娘さんがサントリーにいて、この商品の広報担当になった。彼女がそれまで付き合いのあった人たちに地道にPRし続けたところ、ある日スポーツ紙に同商品の記事が掲載され、それがきっかけで注文が殺到し売上げが前年比約600％増になった。ターゲットとする市場に見事に当てはまったのだ。商品がよいものであったのはもちろんだが、商品がよいのであれば、露出のさせ方、見せ方次第で大きく売れ行きが違うというわけだ。

ブランディングなどと言っても相手には分かりにくいから、身近な商品・広く知られている商品を例に挙げて、商品の見せ方、ブランド戦略を変えたことによって成功した話をこのように行い、時には実際に商品を見せた。

## 誰だってできると気づかせる

また、「オンリーワンなんて、なれっこない」という経営者がいるが、そういう人に対してはこんな話をする。

静岡県に川根町というところがある。静岡市内から車で1時間くらいのところだが、そこにある加藤製菓舗は午前中でほとんどの商品を売り切ってしまう。月2回、静岡市内にあるデパートに商品を置いているのだが、大福が大変な人気で、その当日は整理券で長蛇の列ができる。この話の際、大福がなぜこれほどの人気なのかを例示していく。

もう一つは、沼津にある洋菓子店㈲冨久家の話。ここはロールケーキが主力商品だが、東京からわざわざ買いに来る人がいるほどの評判である。「ロールケーキはシンプルなケーキですから、たかだかロールケーキと思われるかもしれません。しかし、それであってもオリジナリティは出せるんです。あなたでも工夫次第でオンリーワンになれます」と背中を押したり、「そのオンリーワンを一緒に見つけていきましょう」という方向に仕向けていくときに、こういう分かりやすい身近な事例は効果的である。

その他、「誰だってできる」ということを経営者に分かってもらうために、私が手掛けた成功事例を話すこともある。これは、相手の食いつきが一番いい。というのも、経営者にとっては、自分と同じような境遇の地域の人たちがどうやってスターダムに上っていったかという成功談には並々ならぬ興味をひかれるようだ。

私がどのように関わったかまでつけ加えると、説得力はさらに増す。相談者からすれば、私がどういうサポートをしてくれて、自分の頑張りどころはどこかがとても分かりやすいからだろう。

「誰にもチャンスがあって誰でもできるんだ」。このポジティブなイメージを持ってもらうことが大切であり、経営者に身近な事例を持ってきて、成功体験のわくわく感を伝えるようにしている。

以上のように、私は事例紹介を活用しているが、読者の方々で自分の関わった案件のうち、紹介するのに適当な事例がないというのであれば、新聞記事を使ってもかまわない。ただし、その記事の分析ができていないと、単なる記事紹介で終わってしまう。この事例がなぜうまくいったのか、その成功原因を自分なりに分析して理解したものを経営者に話せば、多少縁遠い例でも、相手がすでに新聞で読んでいる話でも例示として十分通用するはずだ。

また、テレビ番組で紹介されたものでも恰好の事例があれば、すぐに使わせてもらうといいだろう。例えば、テレビ東京系列の『日経スペシャル　ガイヤの夜明け』とか、ＮＨＫの『プロフェッショナル〜仕事の流儀』などの番組で紹介された話を持っていって、自分なりに分析して話すと、これはこれでリアリティが出る。

こうした事例紹介は、そんなに難しいことではないが、聞き手側に興味を持ってもらわないと意味がないので、ある程度のテクニックがいる。話の流れから話し方、いかに新聞記事や実際の商品等を見せるかといったことまでを考えて効果的に進めたい。

ちなみに、私はかつて、自分が対応した案件について書かれた新聞記事を示しながら話していた。より説得力を持たせるためにも使っていたのだが、そうしないと言いたいことが伝わらなかったのだ。何度も説明の回数を重ねるうちに、今ではスラスラと口で説明しただけで伝わるようになった。みなさんも、何度も実際に話をすればすんなり伝えることができるようになると思う。

## 消費者等の感覚を知ってもらう

相手に分かりやすくするための工夫はもう一つある。それは、雑誌等の既存媒体の活用である。最近の流行りや注目のものなどを紹介する際によく使っている。

例えば、先に紹介した豊岡クラフトの社長に高級時計を入れるためのこだわりの時計入れを作ることをすすめる際には『日経ビジネス』（日経ＢＰ社）誌を活用した。当時、手元にあった『日経ビジネス』には、高級時計の広告が多く載っていた。それを見せながら、今はこんな高級な時計をビジネス雑誌に載せる時代であることを言って、「こういう時計を買う人はどんな人か想像したことありますか」と聞いた。

それに対して社長は「ない」との返答で、私は続いて「こうしたこだわりの時計を買う人の多くは、時計好きで、１本ではなく２本、３本と持っているんです」と言った。そうすると社長は「それはそうかもしれない」と。「このような高級な時計を入れるこだわりの時計入れはありますか」と聞くと、業界をよく知る社長がないという。そうした話になってくると、社長はやってみようとやる気を出す。しかも、実はそうしたこだわりの商品を作りたいとかねがね思っていたことをすぐに打ち明けてくれたのだった。

活用するのはビジネス誌ばかりではない。ＳＯＨＯしずおか時代はいくつかのファッション誌を打ち合せスペースに揃えていた。よく使ったものの一つは『ニキータ』（主婦と生活社現在休刊）。「艶女（アデージョ）」や「地味女（ジミータ）」といったインパクトのあるフレーズが誌面を飾っていることで有名になったが、これを経営者に見せて「この表現を見てください。こんな強烈な見せ方をしているんです」とか「これくらい思いきりのいいキャッチをつけないとだめなんです」と紹介していた。インパクトのあるフレーズや見せ方をしている雑誌だったので、そのまま使えるとは思っていなかったが、逆転の発想や見せ方を変えることで大きく変わることや視点を変えることを意識してもらうために効果的だった。

流行りの物や新しい感覚、消費者の感覚などを知ってもらうために紹介しているのだが、中小企業や商店の経営者の多くは自分がおよそ見たことのないものばかりなので、刺激を受けるようだ。それで、相談に来た経営者たちは「うちではこんなことをやってみよう」と考えて、新しいアイデアを出すようになるというわけである。

以上のように、相手に伝わりやすく説明・紹介をすることを心がけているのだが、それで驚きとまでいかないまでも刺激を受けてもらえることも狙っている。そこから、新たなやる気やアイデアが生まれることがあれば、こんなにうれしいことはないのである。

# 4 企業を成功に導くにはお節介であれ！

## 顧客にお手伝いしていることを印象づける

富士市産業支援センターに持ち込まれる相談は月間１２０～１３０件ほどもある（２００９年６月現在）が、我々のチームで継続的にフォローする先は全体の半分しかない。あとの半分は１回きりの相談で終わってしまう。それは仕方ないことだと思っている。私自身、これだけの量の相談をすべてずっと追いかけることは現実的に無理だ。

この先、結果が出る可能性が大きいと思っている先には「また相談に来てほしい」とか「この間の話の件についてはどうなっているか」といって次の相談日程を決めるが、本人に取り組む意思がなければ、それ以上の深追いはしない。

公的産業支援機関の場合は直接的なリターンがなくてもいい。金融機関のように融資などといった実績を求められているわけではないから、相談に来た人にはサポートしたことに対して一言ありがとうって言ってもらえればそれで十分である。だから例えば１回ビジネスマッチングをして結果が出て、そのあとその企業が来なくなってもかまわない。相手にとってメリットが出ているのであれば、それが私たちにとっての結果だと思っている。

一方、金融機関の場合は、その1回だけで終わらせるわけにはいかない。取引の浅いところであれば、そこから、預金であれ投資信託であれと少しでも取引を獲得していき、手形貸付や手形割引、当座貸越といった融資まで取引を拡大させていくことが理想である。だから、1回の働きでも相手に「○○銀行の担当者が動いてくれたからこそ、こうなった」ということを印象づけることが重要である。

例えば、知っている人を紹介する場合、顧客本人の目の前で紹介先に電話をするとたいへん効果がある。「こういう人がいて、こういう話なんですけど、一度会ってくれませんか。いつなら都合がいいでしょうか」と聞いて、面談日時をその場で決めてしまう。これはすぐに話をまとめるというスピード感があり、顧客に対するインパクトは大きい。それに、金融機関の担当者が積極的に動いたことを顧客の目の前で見せられる。これが大事で、ここまでやってもらえるのは顧客からすればありがたいことだし、目の前で紹介してくれただけに安心感も生まれる。

その他の例としては、紹介者との面談の場や制度認定申請のための公的機関の相談の場等に同行してもいい。面談の場にいれば、双方の緊張の緩和も図れるし、公的機関への同行においては、制度申請の煩雑な手続きのサポートも可能となる。特に、新しいビジネスを始める前後は、スピードは重要なので、煩雑な手続きがスムーズに進むよう、なるべく顧客と一緒に行動するように心がけていただきたい。

## マッチング等でしっかりとしたフォローを

顧客に自分の働きを印象づけることに加えて、アフターフォローも重要だと思う。例えば、ビジネスマッチングの場合、相談企業に紹介相手の連絡先を教えて面談のセッティングを任せてしまうと、その後連絡のないままになってしまいがちである。

結果について顧客から連絡が来ないなと思ったときは、こちらから聴けばいい。「社長この間はどうも。この間の件はどうでした。ちょっと心配になったもので」と。連絡をもらった顧客は「自分たちのことを心配してくれているんだ」と思うはずである。

だから、マッチングが終わった後に訪問するなどして、その後の進展やマッチングの感想などを聞き、しっかりフォローしなければならない。

以上のように、徹底した自分の関わりを認識してもらう必要があるのである。それを簡単に言えば、「お節介であれ」ということ。徹底的にお節介になる。これこそが支援による企業成長の成果を生む秘訣であり、金融機関の営業マンであれば新たな取引に結びつける方法の一つだと思う。

私は現在扱う案件も多くなり、すべての案件に対してあまねくお節介であるわけにはいかず、かつてほどのお節介ぶりは発揮していない。しかし、「これは！」と思う案件は頭の中に入れておき、結果につながりそうだと思った瞬間にすぐ対象者にコンタクトし、新たな展開のための戦略を提案する。

銀行員と違って実績が求められるわけではないのに、私がどうしてここまでやれるのかと思われるかもしれない。そこは、そもそもお節介の気質があるとは言える。

とは言っても、このモチベーションを保つのは難しく、私には私なりの成果目標というものがあって、関わった案件の中で1件でも多く成果を出したいと思っているのだ。成果に対する直接的なペイのない私たち公的産業支援機関でさえ、これだけの気概を持ってやっている。

金融機関の仕事はある意味、人に好かれてなんぼの仕事だから、お節介好きの心、横文字で言うなら「ホスピタリティ」の精神を大切にしてほしいと思う。難しく考える必要はない。

# 5 頼りになる人脈を広げ有効に活用しよう

## 頼りになる人を探し徹底的に使う

コーディネート型支援を実践するには、金融機関の既往のサービスの枠を越えた幅広い対応が求められる。「できない相談対応」はあってはいけない。自分や自行の持つネットワークを駆使し、顧客のありとあらゆるニーズに応えていく。自分が直接ニーズに対応できなければできる人を探してくればいい。

実際のコーディネーターは多くの専門家やプロを知っている。「この分野だったらこの人」というリソースを様々に知っている。そこに結びつけるためのネットワークと、専門家等の協力が得られるコミュニケーション能力を持っている。

銀行について言えば、本来、銀行員は業種・分野を問わずたくさんの知り合いを作れる環境にある。しかし、現実は頼りになる知り合いがそう多くいるわけではない。というのも、多くの場合がその場限りの付き合いになっているからである。

コーディネーターに重要なのは人脈の構築で、「人との出会いを大切にすること」「ワンチャンスを逃がさないこと」「一度知り合ってこの人は使えるなと思ったらとことん付き合っていくこと」である。こうした意識を持って日頃の活動を展開できるかどうかで勝負が決まる。この世界に来てから、私は特にこれを意識している。多くの人たちと知り合う中、私は〝使える〟と思った人を徹底的に使い、コーディネーターとしての財産にしている。

## 本当に役立つ人を的確にチョイスする

ただし、注意をしたいのは紹介相手の見極めである。多くの知り合いの中で、この分野だったら「この人」と安心して紹介できる人を的確にチョイスしなければならない。例えば、有名だが実は胡散臭い人や専門分野では優秀だが金銭的に困っている人などは、紹介する相手としてはふさわしくない。それにたとえ求める分野の専門家であっても、相談者のニーズに応えられない人では全く意味がない。ただ単純に何も考えずに漫然と紹介しているととんでもないミスマッチを起こすことになる。

例えば、こんな事例がある。あるコーディネーターのところに、ネットで商品を売っている人から「売上げにつながらなくて困っている。誰か対応してくれる先生はいないか」といった相談が持ち込まれた。そのとき、ＳＥＯ（Search Engine Optimization：検索エンジン最適化）対策のセミナーをしているあるコンサルタントを紹介した。

私はこれを聞いてまずいと思った。というのも、この紹介した人はセミナーの開催実績はたくさんあるが、実際にコンサルティングをして商品が売れたサイトが少ないことを知っていたからである。

私なら実績のない人は絶対に紹介しない。紹介するときの基準は何か、目的は何かを考えると、講演を数多くこなしていることは紹介するポイントにはならない。

また、こんなケースもあった。ある起業家が商品を売りたいと販路拡大の相談に来た。担当者がその紹介先として挙げてきたのが、全国展開をしていたある業界の経営者。その人はネットワークと判断力は持っているが、業績が芳しくなくて1カ月後か2カ月後には自己破産する予定だった。そんな人は絶対紹介できない先にもかかわらず、全国展開のノウハウを持っているという理由だけで選んでいた。

その他、このような問題のある紹介事例を私はたくさん見てきている。相談者に人を紹介する際には、本当にどのような人が必要なのか、紹介するうえで倫理的に問題はないかといったことをしっかり確認していただきたい。

本当の意味で使えるネットワークを保有し活用するには、人や企業の信頼度や実力を見極め、案件との適合性を正しく判断できる目利き力が求められる。

# 6 安易なビジネスマッチングほど怖いものはない

## 当該紹介企業をよく知っているか

ビジネスマッチングは、単に相談者が希望する相手先企業を紹介して終わりという仕事ではない。今、金融機関が実施するビジネスマッチングを見て私が感じることは、ビジネスマッチングを安易に考えるところが多いということ。その結びつきによっては、企業の運命が大きく変わってしまうこともあり、紹介する側の責任はたいへん重いため、慎重な対応が必要である。

実際の取組みにあたっては、まず、依頼企業のニーズや本質、商品特徴等を十分に見極める。例えば、販路を紹介してほしいというのであれば、現状なぜ売れないのかを深掘りしたうえで、まず何をしなければならないかを見極める。そして、販売先の紹介が必要な段階であれば、紹介先の選定を行う。

安易に売り先を紹介して瞬間的に売上げを上げても本当の意味でのサポートにならないし、売れない商品を右から左に流しても本質的な問題解決にはならない。同じことを何度も言うようだが、販売先の紹介を希望してくる企業は、自社の〝光る〟部分や課題等をしっかり把握していないケースがほとんどだ。そこをしっかり分かってもらったうえで、ビジネスマッチングを行うべきである。

また、相手先を紹介するうえでの注意点だが、結び付ける両社のこと、両社の経営者のことをよく知っている担当者が責任を持って紹介すること。聞くところによると、金融機関の中にはデータベースで対象先を選んで、その先を紹介するという。そういうやり方であっても、しっかりその対象先を担当している僚店の担当者や役席者に、前もってその対象先の状況を聞く必要がある。例えば、ビジネスに関する事項だけではなく、紹介したときの経営者の想定される反応までもある程度把握しておく必要がある。

ビジネスマッチングを積極果敢にやっている金融機関があるが、本当に大丈夫なのかと心配になることがある。金融機関の場合、信用という看板を背負っているから、なおさら責任は重い。成果を上げたいのなら、企業の中身をよく知らなければならない。それに、ビジネスマッチングを何のために行うのか、当該企業にとっての戦略意図は何か、短期的リターンや中長期的リターンによって企業はどうなるのかを把握したうえで取り組むことが肝要である。

## 対象者の絞り込み等は相談者に任せる

私が知り合いの企業を相談者に紹介する際は、いくつか対象先を挙げて、各企業の特徴や性格を詳しく話すようにしている。そのうえで、相談者にそこからチョイスしてもらうようにしている。

中には、ピンポイントで一つの企業のみを紹介するということもあるが、これは私自身うまくいく確信があるからであって、その案件にそれだけの覚悟と責任感を持っている。こうしたピンポイント型の案件は紹介者も責任を負う。変な先を紹介すれば「なんてところを紹介してくれたんだ」という苦情になりかねない。私はビジネスマッチングでかなり成功を収めているように思われがちだが、慎重に行っている分、案外案件数は少ない。

一方、マッチング先に私の紹介できる企業がない場合は、例えば㈶静岡経済研究所が発行している会社要覧を見せて、ここからここまでが該当の業界の企業であることを示して、その中から選んでもらっている。また、タウンページを使って該当企業の名前や連絡先を見せるほか、インターネットを使ってターゲット企業を検索したりする。それで選ばれた企業とマッチングするのだが、ほとんどのケースでは私からの紹介というかたちではなく、依頼企業自身でアプローチすることをすすめていた。私はあくまでも「このような対象先がある」と提示するのみである。つまり、対象先の絞り込みとアプローチは依頼者側にすべてゆだねているかたちだ。

なぜ、このようなスタンスをとっているかというと、〝リスク回避〟のためである。ビジネスマッチングは会社の運命を変えてしまうかもしれないと先ほど書いたが、ビジネスマッチングの先は業務提携や販売契約等につながり、まかり間違えば企業に損失を与えかねない。そのような重要なことを企業が紹介者任せでするのは考えものだし、何か問題が起こったときに紹介者は大きな責任を問われることになる。

そうしたことを避けるために、当事者自身に対象業界や相手先企業についてしっかり調べて責任を持って検討してもらうようにしているわけだ。もちろん、その検討にあたってアドバイスを求められれば、情報の提供などで応えている。

なお、両社のクオリティと実力が理解できていてリスクが低くかなりの成果が出ると分かっているときは、双方のアポイントを調整して引き合わせをするといったケースもある。

ちなみに、公的産業支援機関が販路開拓支援をする場合、公平性という名のもとに、属人的な狭いネットワークの中で単に知っている先だけを安易に紹介するか、あるいはまったく何もしないといった方法をとっていることが多い。幅広い選択肢の中でより最良なものを選択するほうが大切ではないだろうか。

## 商談会は開催目的の明確化と業種の絞り込みを

多くの金融機関が行っている商談会やビジネスマッチングフェアのようなものは、そういう意味では問題が少ない。当事者同士で話し合いを進める場を提供しているにすぎないため、金融機関にとっての紹介責任リスクは低いと言える。ただし、注意してもらいたいのは、参加企業を広く多く集めすぎないことだ。東京国際フォーラムや東京ビッグサイトで中小企業フェアなどがよく開催されるが、それらにはあらゆる業種・ベンチャー企業が集まる。しかし、その規模の割には商談成立の件数は少ない。

何の施策もなしに行うのではたいした成果も望めず、実施する意味さえなくなってしまう。多くの企業をマッチングさせるためには工夫を凝らす必要がある。具体的には、開催目的の明確化と業種の絞り込みが有効と思われる。

その例として静岡銀行が主催している「アグリコム」（農業生産者と仕入業者のための商談会）は毎回盛況で、破格のパフォーマンスを示している。

例えば、お茶に関する企業の商談会のときは、有機無農薬のお茶を作っている農家にいい話が来た。有機無農薬のお茶は、その他のお茶を否定することになるから一般のお茶屋さんは置くのを嫌がる。置いてくれるのはせいぜい健康食品の店ぐらいだ。

ところが、この商談会にある大手クレジットカード会社のゴールドカード向けの通販雑誌の担当者が来た。こだわりの県産品を探していたので、これが見事マッチ。この農家は販路が一挙に広がったことで自分たちだけではさばききれない量の注文が殺到し、静岡県内の有機無農薬のお茶を作っている農家を数軒集めて対応するほどの〝大ブレーク〟となった。

このように、ビジネスマッチングは安易に考えるのではなく、十分に考えて行ってほしい。せっかく商談会等を実施するのだから、ある程度目標を持って、効果の上がる方法を研究していただきたい。

# 7 金融機関がコーディネート型支援を円滑に行うための態勢づくり

## 金融機関ではコーディネート型支援は難しい!?

私は第1章で、金融機関にとってコーディネート型支援とコーディネーターが有用であることと、営業マンにとってコーディネーターとなることは実績を伸ばすうえで有効であることを述べ、これらを取り入れることをおすすめした。

これを読み、みなさんはどう思われただろうか。「なるほど。じゃあ頑張ってみようか」、もしくは「そんなの、私には（うちの銀行では）無理」。それとも、「小出は何言ってんだ」という感じだろうか。

突然、このようなことを言い出したのは、実は私自身、多くの金融機関が今すぐこれを実践できないし、多くの営業マンがコーディネーターにはなれないと思っているからである。理想を言えば、より多くの金融機関でコーディネーターを採用・育成し、コーディネート型支援を実施してもらいたい。しかし、コーディネーターとして働ける人材を作り上げるにはそれなりに時間がかかるし、コーディネート型支援は短期的に見ると収益に結び付きにくい。そこで、金融機関が今すぐコーディネート型支援を行うにはどのような態勢を作ればいいか、実現可能な範囲で考えてみたい。

## 専門チームを作り営業マンは対象先の発掘に専念

企業や産業を専門に支援するプロのコーディネーターを採用するか育てるかして、その専門チームを作り、これをコーディネート型支援の拠点とする。一方、営業店の営業マンは日頃の活動の中で支援すべき企業をピックアップし、専門チームにそうした企業を紹介するという体制が最も実現しやすいかたちであろう。

営業マンが企業の発掘から支援を行い結果が出るまで追いかけられれば、それに越したことはない。しかし、担当の企業をいくつも持ち収益を上げていかなければならない中で現実的とは言えないだろう。企業や産業への支援は専門性が高いうえ業務の負担も軽くないため、むしろ営業マンは〝良質な素材〟(琴線に引っかかる企業)集めに徹し、〝包丁さばき〟(実際の支援)は専門チームに任せるべきである。プロが最後の仕上げをすることで企業価値を高める真の支援が可能となり、その後のイニシアチブも発揮しやすくなる。

営業マンとして持たせたい能力としては、「これは！」と思う企業を見分ける能力であり、つまりは「目利き」の強化を図る必要がある。目利きを育てると言うと少し難しいように感じるが、当初は営業マンに面白いことをしていそうな企業を専門チームにとにかく紹介するようにするといいと思う。そうする中で、専門チームが携わった案件をフィードバックしデータを蓄積して、専門チームに挙げるべき企業を見極める目を養っていけばいい。とにかく、営業マンを支援のプロにすることはない。コーディネート型支援の専門家につなぐ、これが何よりも大切なのである。

静岡銀行がすごいのは、その点を実行したことである。専門のコーディネート人材として私を配置し、銀行に相談が持ち込まれた段階で私に案件を持ってきていた。誰に案件を持っていったらよいかを知っている者が、その道のプロに最短距離で案件をつなぐ。これが支援成果の高いヒット率につながったと思う。

はままつ産業創造センターでも、静岡銀行からの案件が多く持ち込まれていたが、当該地区のコンサルティング担当の行員が持ってきた案件はよいものばかりだった。彼らは初期の段階で、これは面白いかもしれないという鼻が利いていたのだろう。質の高い案件を拾い上げる力を持っていた。

多くの金融機関において、中小企業支援や創業支援などで期待するほど成果を上げられない一番のネックは、相談を受けた担当者が金融機関の常識に縛られていることである。この常識では、「融資できる企業がいい企業」という見方をする。「利益の上がっている企業、財務体質の強固な企業がいい企業」と考える。

こうした見方をしているかぎり、地域の悩みを抱えた中小企業ややる気のある起業家のサポートをすることは難しい。コーディネート型支援を志向するなら、この尺度を外し、バランスシートの裏にある価値が見出せるようにならなければならない。

## 専門チームの位置づけや評価方法が課題に

以上のような態勢を整備する中で問題となるのは、金融機関がコーディネート型支援をどう位置づけ、専門チームのスタッフをどう評価するかである。

中小企業支援や創業支援は短期的には収益に結びつかないが、長い目で見ればリターンは大きい。また、通常の金融商品・金利の競争では新規取引がとれないような先に対しては、非金融サービスでカバーすることがどうしても必要になってくる。ブランディングやプロモーション、販路先の紹介といった非金融サービスを行うことによって、顧客に実質的な収益を生めば融資に比べてそのメリットは多大なものであるから、顧客は喜ばないはずはない。そして、この対価として金融取引がついてくることは大いに考えられる。

したがって、金融機関の経営を考える中で、コーディネート型支援は戦略の中心となりえるものであり、中小企業支援や創業支援を経営計画に盛り込んでいる金融機関こそ、コーディネート型支援を行う専門チームを設置するべきだと思う。

そして、コーディネート型支援による取引開拓の戦略的価値は重いわけであるから、そこをしっかりと評価することが望まれる。それに伴い、金融機関内のコーディネーターに対する評価が高まれば、憧れの職種として脚光を浴びることは間違いなく、自ずから有能な人材も集まってくるはずだ。そうした人材を育成し、コーディネーターの能力を備えた人材を増やしていけば、全体的な底上げも図れるだろう。

◆第3章◆
# 企業への支援の楽しさと難しさ

# 1 企業への支援はこんなにも面白い
## ～〝小出流〟事業支援の事例紹介

ケース1◆㈱しょくスポーツ

### 一般向けのセミナーで逸材と見抜き
### スポーツ弁当の成功、ビジネス大賞受賞にまで導く

#### スペシャルなゆえにビジネス価値がある

「SOHOしずおか」では、地域内のネットワークを広げるために、企業や事業者向けに数多くの講演会やセミナーを実施していた。例えば、講演会と交流会がセットになった「ブレイクスルー・セミナー」や、中小・零細企業の経営者のための「ITなんでも相談会」「SOHO相談会」といった比較的硬い内容のものが中心だった。

セミナーや異業種交流会というと、比較的硬いテーマでやるのが一般的で、2002年から2003年の頃はそのようなものばかりで、多くはウィークデーの夜に実施し、ビジネスエリ

アの人にたくさん参加してもらっていた。

しかしその一方で、私はそこに来られない人の中にもすぐれた才能を持っている人、ビジネスに結びつくものを持っている人がいるに違いないと考えていた。そこで、さらに地域内の隠れた逸材を発掘しネットワークを広げることを目的に、アロマテラピーやカラーコーディネートなど比較的やわらかいテーマをメニューに盛り込んだ。専門の講師を呼んで、食事付きで１５００円の受講料、「お得で気軽なセミナー」と銘打った。普段、静岡銀行やインキュベーション施設に来ないような主婦やサラリーマン等にもターゲットを広げたのである。

２００２年の秋から「昼間お弁当を食べながら、カルチャーの話を聞きましょう」という趣旨で始めたところ、敷居の低さから様々な職業・立場の人が参加してくれた。私は何人来たかではなく、どんな人が来たかに力点を置き、参加者一人一人に「あなたは今何をやっている人なのですか」と聞いていた。申込みの段階であったり、セミナー当日その場で声かけをして、現在の仕事や参加動機を探ったのである。

現在、㈱しょくスポーツ（http://www.shoku-sports.jp）の代表取締役である、こばたてるみさんと知り合ったのは、アロマテラピーをテーマにしたこのセミナーがきっかけだった。「知り合った」と言うと偶然の出会いのように聞こえるかもしれないが、私からすれば必然であり、こうした出会いを求めて動いた結果である。

当時、こばたさんから電話でセミナーの申込みを受けたとき、主婦でありながらスポーツ栄養士という職業に就いていることを聞いて、私はすごく驚いた。私の中でピンと感じるものがあったのだ。「セミナーが終わった後、必ず私に声をかけてください」とその場でお願いしていた。

「スポーツ栄養士」。このようなあまり耳にしない職業名を聞いてどうイメージするか、これが大事である。スポーツ栄養士と聞いて、「そんな職業があるんだ、珍しいね」で終わるか、「珍しいからビジネスの可能性があるかもしれない」と連想するかでは大きな違いがある。

私が瞬間的に思い浮かべたのは、スポーツ栄養士に触れたかつてのスポーツ記事だった。よく覚えていたのはかつてサッカー日本代表監督であったフィリップ・トルシエ氏（当時）の栄養管理に関する記事で、2002年のワールドカップのとき、トルシエ監督が国内合宿でも海外遠征でも専属のスポーツ栄養士を帯同させて選手の体調管理に気をつけていたというものである。もう一つは、2000年のシドニーオリンピックで金メダルを取った高橋尚子さんのことで、ボルダー合宿のときにわざわざ栄養士を一緒に連れて行ったが、それもスポーツ栄養士ということが報じられていた。

こうした予備知識が頭にあったので、この分野はとてもスペシャルで、それを職業にした人が静岡にいることに驚き、スペシャルであるがゆえにビジネス的な可能性があると、私はにらんだ。

セミナーは大盛況に終わり、当日は混雑の中、こばたさんは約束どおり私に声をかけてくれた。しかし、ゆっくり話すことができなかったので、「スポーツ栄養士のことが分かる資料などを持って、またぜひ来ていただけませんか」と次に会うことを約束するのみだった。

## 市販にはないスポーツ弁当の開発へ

そして、２日後、こばたさんは約束どおりに資料を持ってＳＯＨＯしずおかに現れた。そこで資料を見せてもらい、彼女がＪリーガーやプロ野球選手、競輪選手などと契約を結んでおり、そのうえ、セミナーや講演の講師として全国を飛び回っていること、地元でも保健センターやスポーツクラブなどで栄養指導を行っていることを知った。

そうして、様々な話を聞く中、私は何か具体的な案を思いついたわけではなかったが、「いける！」との思いから、こばたさんに「何か一緒にやりましょう」と声をかけていた。そのとき、こばたさんの反応は鈍いものだった。

当時、彼女はプロを含めいくつかのスポーツ団体のケアをするなど多忙な身で、ビジネスには興味がないという感じだった。それでも諦められない私は、夜、彼女の自宅に電話して、３回目で何とかＯＫをもらってビジネスの話に引きずり込んだ。

何度か彼女と話をしていく中で、私は今までにないビジネスの隙間を探していくのだが、その裏で行っていたのは、データベースでスポーツ栄養学について調べつくすことだった。『日経テレコン21』（新聞記事検索システム）を使って「スポーツ栄養学」に関する記事を過去15

年間にわたって全部ピックアップした。たぶん500件くらいあったと思う。なぜ15年間かというと、1988年以前はスポーツ栄養学なるものはスポーツエリアに積極的に持ち込まれておらず、この年のソウルオリンピックで日本が惨敗したことの反省があり、スポーツ栄養学が本格的に日本に持ち込まれたという経緯をこばたさんから聞いていたからである。

ピックアップした記事をめくりながら、そこに出てくるスポーツ栄養士の名前の頻度を見ていくと、こばたさんは上位5人に入るほどであった。いわば全国屈指のスポーツ栄養士ということで、このブランド力はビジネス展開をするうえでの「強み」になる。

もう一つ気がついたのは、スポーツ栄養学を取り入れた市販商品にはひどく偏りがあることである。ゼリー飲料やブロック状の栄養補助食品、スポーツ飲料、サプリメントくらいしかない。彼女に説明を受けていたのだが、スポーツ栄養学というのは、本来アスリートが試合のパフォーマンスを高めたり練習の疲労回復を促進したりするためにとるべき栄養であって、朝昼晩の食事に盛り込まれて初めて機能するものである。ところが、市販の既存商品はCMで多く見られるように時間のないときに食べるいわゆる補助食品ばかりで、食事になるようなメインの代物ではない。

そうしたことをこばたさんに言ったら、「日本にはこのようなものしかないんです。私はかねがねスポーツ栄養学を取り入れたお弁当があればいいなと思っていた」と言う。この一言で「これだ。日本初のスポーツ栄養学を盛り込んだ弁当！　これが売れないわけがない。絶対勝利だ」と私は確信する。

## 変革を望む地元企業の協力を得る

このような経緯から、「スポーツ弁当プロジェクト」は始まる。当初、我々は一機に全国展開しようと考えた。

全国各地のグラウンドで、特に週末はアスリートの人が練習したり試合をしたりしている風景がよく見られる。同じような価格帯の商品で、一方がスポーツ栄養学を盛り込んだ弁当、一方が普通の弁当だったら、アスリートやアスリートの親なら間違いなくこっちを選ぶだろうと考えた。

ところが、大きな問題があった。同一の弁当商品を全国に販売できるデリバリーチャネルはコンビニエンスストアしかない。今でこそコンビニ弁当のイメージはずいぶん変わったが、2003年当時のコンビニ弁当のイメージは、およそ健康的なイメージにはそぐわないものだった。不健康とまで言わないが、アスリートにやさしい食事とは言えないイメージだった。それで全国販売は断念し、「手作りで、地元から地道に始めて全国に向けた話題づくりをしていこう」ということになる。

ちょうどその年、ラッキーなことに静岡県では国民体育大会（以下、国体）が行われることになっていた。それにあわせて、全国からアスリートやスポーツ関係者が県内に集まる。そこで、スポーツ弁当を一気にドカンとPRできれば、弁当だけでなくこばたさんそのものも浮上させることができると考えた。

2003年4月に入り、国体に向けてこのプロジェクトが本格的に始動。しかし、あまり猶予はなかった。国体では参加する各市町村が販売する弁当を採択するが、そのためのプレゼンテーションが行われる。その日程は5月下旬であり、スポーツ弁当の開発にかけられる時間は残すところ1カ月ちょっとしかなかった。

私はまず、この弁当を商品化して販売してくれる業者探しを始めた。かつて銀行員時代にM&Aを手掛けていた頃、私は静岡県内の弁当・総菜業者の経営戦略を調べていて、この業界の事情には詳しかった。

静岡に限らずだが、当時弁当・総菜業界は保守的な体質を持っていた。ましてこれまで日本に全くない商品を開発し、しかも1カ月かそこらで商品化する話に乗ってくる企業はそうそうないことは予想できた。そこで時間のない今、提携先の候補は一つしかないと考えていた。

私が白羽の矢を立てたのは、静岡県で最大手総菜チェーンの㈱天神屋だった。地元メーカーとはいえ、全国で5番目に入るほど大きな規模の企業である。同社は2001年にM&Aを行い、創業者一族は所有株式を売却し退いていた。その株を買ったのが、㈱時之栖（ときのすみか）。同社社長で、当時天神屋の会長に就任した庄司清和さんはもともと米久の創業者で、短期的ではあるが上場までさせた極めて優秀な経営者である。

買収後の動きを見ていると、同社は昔からのイメージを変えようと新しい施策を打ち出すことに熱心であることは見てとれた。このスポーツ弁当によって、一挙に企業イメージを変えられるし、国体という場所でイメージアップを図ることもできるので、天神屋ならこの提携話に乗ってくれるだろうと確信に近い思いがあった。それに、変革を望んでいることからこの提携話への早い決断も期待できた。

こばたさんはこの提案を持っていくために、念入りにレシピを検討しており、ある程度まとまった段階で天神屋に赴いた。４月30日、我々２人は同社の製品開発部長と営業部長と面談を行い、その際彼らは膝を乗り出して話を聞いてくれた。「すぐに社長に会ってほしい」と言われ、そしてその翌日、石川頼重社長に会ってＧＯサインとなる。翌週に庄司会長にも会うこととなり、ついに商品化が決定した。

## 国体開催期間、驚異の3万食を販売

各市町村で行われる弁当採用プレゼンまで1カ月弱、大車輪で商品開発に取り組んだ。この弁当の開発においては、スポーツ栄養学を取り入れることがコンセプトであったが、国体の弁当の採用を目指すにあたって「県をＰＲする地元特産品を活用したレシピ」という条件が静岡県から指示されていた。こばたさんはその条件とスポーツ栄養学を織り交ぜて弁当の試作を重ね、ついに日本初の「スポーツ弁当」を完成させた。

工夫としては、エネルギー源をスムーズに作り出すビタミン$B_1$を含んだ強化米を使用し、十分なエネルギー補給を目的にご飯量を通常より多めにした。一般的な弁当で多く入っている揚げ物は消化に時間がかかるため減らし、疲労回復に効果の高い果物をたくさん入れた、ボリュームがありかつヘルシーな弁当に仕上げた。

この弁当には、さらに「こばちゃんの勝てる法則」というカードを入れ、これでスポーツにおける食事の重要性を分かりやすく説明した。これは、こばたさんのたっての希望であった。

このようなこばたさんの情熱と天神屋の協力によって作られた弁当は、当時では珍しいアスリート向けということで、開催地の市町村でことごとく採用された。そして結局、話題も人気も得て、国体開催の全10日間で3万食という爆発的な売れ方をした。国体の会場内で、スポーツというテーマに合致し、日本屈指のスポーツ栄養士の作ったというブランド力を持っていたのが、唯一このスポーツ弁当だったと思う。

## ニュービジネス大賞に応募し受賞へ

こうした結果を得られたのは、もちろんこの商品に力があったからこそだ。ただし、それだけではなく、事前のPR も効果をもたらしたと私は考えている。具体的に行ったのは、マスメディアへのアピール。このスポーツ弁当は静岡県在住のスポーツ栄養士のこばたてるみさんが作ったこと、それにSOHOしずおかが関わったということ、これらを地元の方々に知らしめるために、メディアにリリースし、報道してもらった。

この大プロモーションは功を奏し、県内配付の全新聞に載せてもらうことができた。テレビもローカル局がこぞって報道してくれただけでなく、うち2局はこの開発から始まったテストマーケティングの場などを3回に分けて特集で扱ってくれた。

以上のようなプロモーションの結果、スポーツ弁当は国体前から話題となり、各会場で販売されていた数ある弁当の中で最も知名度の高い弁当になった。その証拠に、当日は昼食時になるずいぶん前には売り切れていた。結果、３万食の完売だったが、５万食を用意しても売り切れるくらいの盛況を博したのではないだろうか。

大きな成功を収めたスポーツ弁当だったが、私はこれで終わらせたくなかった。そう考えているとき、ＳＯＨＯしずおかの入居者の一人が社団法人静岡県ニュービジネス協議会が主催する「ニュービジネス大賞」というものを紹介してくれた。このビジネスモデルは最初から「いける」との確信があった。だから、エントリーシートは私が書き、大賞狙いで応募した。そして、こばたさんは大賞をとったのである。

この受賞により、この案件が単なる国体の話題からさらにワンステップ上がって、ビジネスエリアで燦然と輝く足跡になった。プロジェクトそのものをブランディングして、異業種間の連携で成し遂げた案件なので、中小企業庁で注目されのちに新連携のロールモデルとして認知されるまでになったのである。

## ケース2◆北極しろくま堂㈲
# 支援により経営課題を見つけ迅速に解決し時短とより高いパフォーマンスを実現

### 声をかけても、しばらくは相談もなく…

　私が北極しろくま堂㈲の存在を知ったのは、2001年9月に発行された地元のフリーペーパー『静岡リビング新聞』の特集記事「SOHOはじめて物語」である。女性の起業家を特集したこの企画には4人が登場しており、そのうちの3人はSOHOしずおかの入居者2名をはじめ私が知っている人たちであったが、残り一人は私の知らない女性であった。それが同社の経営者、園田正世さんである。

　この記事には、普通の主婦が明るく元気に事業を起こしたことについて書いてあったが、ここで私の目にとまったのは取り扱っている商品だった。私は全く知らなかったのだが、園田さんが扱っているのは「スリング」という抱っこひもで、アメリカから直輸入したものである。これを取り扱った当初は月に数個知り合いに販売する程度だったが、「自分が使ってよかったものだからこそ、もっとたくさんの人に使って喜んでもらいたいので、来月からウェブショップを作って売りたい」ということが記事に書いてあったと思う。

私は「こんな面白い人がいるのか、何か力になれれば」と思い、編集者にお願いして連絡先を教えてもらった。初めてのあいさつでは、「『ＳＯＨＯしずおか』のマネージャーの小出です。何でもサポートするのでいつでも来てくださいね」といった感じで話したと思う。彼女はＳＯＨＯしずおかをよく知らなかったのか、私の言葉にきょとんとしていた。本人自身、ビジネスとして大きく展開しようとする意識はなかったのか、ＳＯＨＯしずおかへの相談もしばらくなかったのである。

## 彼女の行動力と決断力に驚いた

相談に来たのは、それから1年ほどたった頃で、その時点で同社の月商は60万～70万円くらいになっていた。ネットショップをゼロから始めてたった1年でこの売上げに到達。これは彼女がかなり頑張ったという証拠である。そうした中、販売実績の増加に比例して顧客からの問い合わせも増え、相談に来たときは問題をいくつか抱えていた。それについてサポートしてくださいというのが最初の相談だったように思う。

その相談を受けた際、私の受けた印象は「これはすごいことかもしれない」というものだった。

さらに様々な話をしている中で、園田さん自身が、スリングのサイズが日本人の体型に合わないこと、色柄の好みが日本人に合わないこと、日本の気候風土に素材が馴染まないことなど、アメリカ仕様の商品と顧客ニーズとに齟齬を感じていた。そして、これらの問題を解決すべく、日本バージョンを自分に作らせてほしいとアメリカの企業と交渉し、彼女自身がライセンス契約をする直前だったのである。

この話を聞いて、これはいわゆる〝ママさん起業家〟のレベルの話ではないなと確信した。アメリカから並行輸入して商売している人はいっぱいいるだろうが、ユーザーのニーズを聞いてここまで動ける人はそうざらにはいない。しかも、彼女自身英語が得意というわけではなく、英語のできる友人に手伝ってもらって、半年間かけてEメールで交渉したという話も聞いた。

この行動力、決断力に私は驚いて、彼女の存在を世間に広く知ってもらいたいと思うようになった。もちろん、彼女から相談される問題点については解決のための手伝いはするが、それだけにとどまらず、彼女の存在を世に出すことによって、ともすれば軽く見られがちな女性起業家のイメージを一変させようと思い始めた。

2003年になると、事業はさらに大きく展開する。園田さんはスリングのライセンスを使って日本バージョンを売ったことで、この年の秋には月商は600万〜700万円になった。年商レベルで言えば1億円近くの売上げである。

ネットショップを中心にここまで成功していたら、普通ならある程度満足してこれからも従来の路線を踏襲していくと思う。しかし、彼女は違った。何を考えたかというと、ライセンスに縛られていては思うような商品改良ができない、もっといいものができるはずだとして、自社の完全オリジナルを作りたいと思うようになっていく。

しかも、ライセンスを持ったままではこのプランが実現できないとみるや、彼女は1億円近い売上げを持つ商品の契約をあっさり切ってしまう。それで自分自身で特許を申請した新商品に切り替えていった。この経営判断や勇気はなかなか真似できるものではない。

その頃まだ彼女は個人事業主として活動していた。そろそろ法人化しようと考えていたときで、法人化に際して私は税理士を紹介した。そして、これを機に従業員を雇うようになったが、自宅を事務所とするわけにもいかないのでＳＯＨＯしずおかに入居してもらった。それが2005年のことである。

## 女性起業家大賞でブランディングを

当初は、無意識にビジネスを展開していったものの、そもそもビジネスセンスを持ち行動力も情熱もある園田さんが、顧客をどんどん獲得していく中で事業家らしく責任を持ち成長していく姿は頼もしかった。そうした姿を見ながら、この存在をどのようにブランディングしていくか、当時の私はそれを中心に据えてサポートを考えていた。さらに事業を展開するには、ブランディングを明確化する必要があり、彼女のブランディングは結果北極しろくま堂のブランディングにも関わる。

彼女を世にアピールするにはメディアが効果的だと考えたが、報道されるとき必ず付きまとうのは「ママさん起業家」という特別な目線での評価だ。しかし、私はこれが不満で、普通の女性の起業家として正当に評価してほしいと思っていた。そのためにはどのような方法があるか、しかも金をかけない方法ということで知恵を絞った。

そこで着目したのが、様々な機関が設けている女性起業家大賞だ。ウェブやデータベースを見ながら最もよい決定打を探した。女性起業家大賞の中で最もメディアへの露出度が高く、規模・グレードの高いものという観点で見つけたのが、日本商工会議所の女性部が開催している大賞だった。これは、授賞式に日本商工会議所の会頭まで来るので注目度も高い。大賞がとれれば、ママさん起業家、もしくは主婦起業家という評価から脱却できると考えた。

園田さんには、「最優秀賞をとりにいこう」「北極しろくま堂なら最優秀賞とれるから」と言って、背中を押して参加。「静岡から受賞者を出すぞ」を合言葉に、申込みの手続きから資料の作成までSOHOしずおかが全面的にバックアップして、園田さんとともに準備を整え2005年に「第4回女性起業家大賞」に応募した。結果は狙いどおりの最優秀賞ゲットとなった。

この受賞の効果は抜群だった。この受賞が秋口ということもあってか、その年の年末の『日経ウーマン』（日経ホーム社）のウーマン・オブ・ザ・イヤー、キャリアクリエイト部門で入賞することにもつながった。時を同じくして、園田さんに『クレア』（文藝春秋）や『フラウ』（講談社）などの名だたる女性誌からの取材が殺到する。

当時、スリングの競合商品は50も60もあったにもかかわらず、北極しろくま堂ブランドは一挙にトップブランドになる。もちろん商品性が高いということもあるが、いい商品を作ることに妥協しない園田さんの姿勢や生き方に顧客が共感した結果だと思う。

ブームの極めつけは、2006年3月に放送された朝のあるワイドショーだった。ここでは約20分間にわたって園田さんのドキュメンタリーが流れた。これによって北極しろくま堂のサーバーはパンク。あらゆる商品に注文が殺到、デッドストックまで売り切れた。同社の商品が手に入らない状態は数カ月続き、ネットオークションで中古商品にプレミアがつくほどの大ブレークとなった。けして僥倖《ぎょうこう》ではない。これまでの積み重ねがあって初めて手にできた結果と言える。

## 関わらなくても結果は同じだったと思うが…

最近、支援を行ったのは同社の韓国進出の際である。同社は2006年暮れから韓国進出に向けて動きだした。韓国にはすでにスリングが上陸していたが、定着しなかった。そればかりか、評判もあまりよくなかったという。スリングのよさを認識させるとともにそれを扱う北極しろくま堂の存在も知ってもらわなければならない。しかし、韓国の名門女子大である梨花女子大学校を出た女性が同社のスリングを売りたがっているという話があり、この動きも同社を後押しした。

私に要請があったのは、韓国で大きな育児フェアが実施される際に、同社が日本でどれほど注目されているかをアピールしたいということだった。メディアに取り上げてもらうのが効果的であり、こうしたプロモーションは私の得意とするところなので、訴求力の高いリリース案を一斉にメディアに流した。

この反響は大きく、共同通信も配信してくれたので、いろいろな地方紙にも載ることができた。テレビは地元のローカル局が紹介してくれた。それらメディアに載った資料をフェアに活用していただいたわけだが、韓国という実績のいまだない場所で、このメディアによるお墨付きは効果があったはずだ。

初めて相談に来たときからこれまで、北極しろくま堂とは様々な関わり合いをしてきたが、もし私が関わらなかったら、同社はどうなっていたかというと、結果的には同じだったと思う。高い商品力、園田さんの情熱と行動力をもってすれば、成功しないわけがない。ただし、私たちの関わりがあったことで時間短縮にはつながったと思う。女性起業家大賞をはじめ、その他数々の経営課題の解決は大きな効果を生んでいる。こうした取組みによって、同社は成功までの時間短縮が図れたし、より高いパフォーマンスを出せた、このことは言えるだろう。

こうして同社はトップブランドになった。これによって、さらに大きなものを得ている。例えば、彼女のところにはデパートからも出品依頼が来ているが、同じデパートに商品を置くということでも、こちらからテナントのお願いをするのと先方から注文依頼されるのとでは、費用の面でも相手からの扱いの面でもまったく違う。依頼があって出品すれば商品供給で済み、リスクは少なく、特別にコーナーを設けるのでもデパート次第となる。テナントを自ら出すということであると敷金も礼金も必要となる。園田さんのところにはデパートから出品してほしいという依頼が数多く来ている。

トップブランドだけに許されるこのアドバンテージを１日も早く手に入れてもらいたい。この思いは私が企業を支援するときのモチベーションの一つである。

ケース3◆鳥居食品㈱

## 老舗ならではのよさを見つけ独自のブランドの確立と新商品の開発へ

### 弱みを強みに変えるという発想に促す

鳥居食品㈱は、はままつ産業創造センターでサポートした企業である。2007年、静岡銀行のコンサルティング担当者から紹介を受けた案件で、私のところに持ち込まれたのは「新商品が売れなくて困っているお客様がいるのだが、支援する切り口がうまく見つからない」ということからだった。

同社は創業80年を超える老舗企業であり、ソースを中心に製造・販売を行っている企業である。現在の社長は3代目で、現職に就くまでは総合商社、外資系金融機関で勤務していたが、父親が病に倒れたことを契機に家業を継いだ。鳥居大資社長はこうして経営者となったが、ソース消費量が減っている中、中小ソースメーカーの生き残りをかけ苦戦をしていた。

私のところに来たとき、鳥居社長はこう言った。「県の支援制度を使って斬新なパッケージにしてイメージチェンジを図った。容器はこれまでの容量だと売れないので、小さい瓶にした」。加えて、「自社の工場の機械は老朽化しており、プラスチックの容器には入れられない。

高温殺菌しかできないからガラスの瓶に入れている。新しい機械を入れるにしてもコストがかかるし、その資金も調達もできない。それに、イメージも古いし、従業員も…」とマイナス材料ばかりを並べたネガティブな話ぶりだった。

そのとき私が社長に言ったのは、「高温殺菌ということは化学添加物を混ぜていなくて、より安心・安全にこだわったということではありませんか」と。「ガラス瓶であるがゆえに回収すればリサイクルもできるでしょう。それをアピールして展開できませんか」と話した。

プラスチック容器も近年では再利用原料としてリサイクルできるが、瓶をそのまま再利用する手法はより効率的であり、環境保護の観点から優れている。最近、消費者が商品を購入する際は、環境への優しさが重要な基準となっている。しかも、その瓶づめは工場内で社員が釜をかき混ぜながら1本ずつ行っているという手作業であり、消費者からすれば商品一つ一つのこだわりを感じることができる。

社長からすれば、老朽化した設備を弱みだと思うかもしれないが、その弱みをエコロジーという切り口で考えると消費者に対しては強いアピールになる。だから、「究極のエコ、食の安心・安全にこだわって、保存料・添加物を何も混ぜずに高温殺菌しているため、瓶づめにした」というように考えればいいのではないかと、発想の転換を提案したのである。

この話をしたときに、社長の顔色がたちまち変わっていくのが見てとれた。設備が古いと言ったことを弱点と受け止めていた現在の状況が、〝光の当て方〟を変えることで見え方がまるで変わる、この気づきが起きた瞬間である。

経営者自身が弱みと思っていることであっても、それが世間で言えば強みとなりうることがある。そうした認識をしっかり捉えることで、事業展開の方向性は見えてくる。同社の場合は、そうした認識が弱かったが、加えてどのようにブランディングすればよいかという観点についても考えてもらう必要性も感じた。そこで、専門家派遣制度という公的な制度を使い、ブランディングの専門家のサポートを受けることも提案した。

## ブランドイメージを確立してから商品の開発を

以上のような提案を受けて、同社ではリユース瓶の採用を決めた。ソースの容器を小ぶりのリユース瓶とすることで商品のコンセプトはそれまでと根本的に変わってくる。ラベルの素材、貼り方、デザインも一新しなければならないし、会社としてのメッセージも分かりやすく伝えなければならない。こうしたもののブランディングは先述した専門家のサポートを受けて行い、同社独自のブランドの確立を目指している。

と同時に、使用済み瓶の回収にはそのための窓口を広く設置しなければならず、販売店等の協力を得るなどの活動も進めていった。現在では、地元のスーパーマーケットチェーンの㈱遠鉄ストアに瓶回収の協力を得ている（２００９年3月）。

その他、同社の強みを生かした取組みとして、小規模メーカーだからこそ可能な、多品種少量生産を目指し、新たな商品を続々と開発している。例えば、地産地消を売りにした「静岡地酢」シリーズやオーダーメードソースなど、自社の規模と静岡県という地元を意識した商品を販売している。

我々の支援により、新たな取組みを進めている鳥居食品だが、このケースは企業に対する支援を行う者に貴重な教訓を与えている。

同社は、はままつ産業創造センターができる前にもいくつかの公的産業支援機関を訪れて相談を持ちかけている。しかし、そのたびにいろいろなアドバイスを受けて、結果は私からすれば成果が十分上がるとは思われない新商品開発に進んでいた。売上げが伸びないから新しい顧客を獲得するための新商品を開発しようというアドバイスは誰でもできる。しかし、そこは企業の光る部分を見つけることなく展開してしまうと、ミスリードを起こしやすい。

同社の場合は80年以上も続くような老舗企業であり、老舗のよさや手作りのよさがあるはずだから、安易な考えによる中途半端な新商品を作る前に、まずブランドイメージを確立し、そのうえで商品をどうするかを考えていくべきだった。古いから悪いのではない。古くてもそこに光るものがあれば、経営者に具体的な気づきを起こさせ、一見弱みのように思われるようなことでも強みに変えていく工夫が求められる。

ケース4◆㈲豊岡クラフト

# 商品の特長や社長の人柄等を見て狙うべきマーケットや新商品をアドバイス

## 通販雑誌名やOEM先を聞いて売りと弱みを把握

㈲豊岡クラフトは、木工品・木工家具の製造・販売を行う企業である。様々なアイデアを持ち工夫を凝らした商品をたくさん作っており、特許や商標登録の相談でたびたびはままつ産業創造センターに来ていた。その対応をしていた担当者が「どうも販路拡大に悩みがあるのではないか」と同社の山﨑肇社長に私を紹介したのである。こうした経緯から、2007年10月に初めて山﨑社長と面談した。

社長は当時の商品カタログを見せながら、「取引先の業績がいまいちで、売れ行きが思わしくない」と会社の現状を憂いた。自前のショップはなく、販売手段はカタログによる通信販売で自社ブランドを売る方法とOEMで相手先ブランドとして売る方法の2本柱で、通信販売のメインは誰もが知る最も有名な通販雑誌だった。

OEM先はどこかと聞くと、高級文具を扱うことで有名な大手書店「丸善」の名前を挙げた。私が「丸善って、あの書店の…」と言うと、山﨑社長は「そうですよ」とやけにあっさり答える。今思えば失礼なことだが、このときは意表を突かれた。そこの文具コーナーに製品が置かれているということは一流品の証である。その書店の文具と言えば、とても私には手が届かないものと思っていたが、それが今目の前にいる社長の会社の商品だったことに驚いた。であれば、カタログに載っている商品すべてが超一流品ということになる。

売上不振となっている理由は、当時新聞等で言われていたことだが当該書店の業績が強く影響しており、売上減少につながっていることは明らかだった。

## 目指すべきマーケットをいくつか例示

こうした話を聞き、私はまず消費者目線から見た同社の製品のすばらしさを褒めちぎった。それに社長は喜んでくれたようだが、その私の様子に少し気恥ずかしそうだった。同社は40年もこの商売を続けており、その社長としては今やっていることは当たり前のことで褒められるようなことでもないという感じである。ということは、社長は自社製品のすごさに気づいていないのではないかと思った。

そこで私はまず、とにかく自社製品の価値を分かってもらうために、販売している書店のブランドの価値が一般的にどれほどのものと認識されているか、またそこで販売されている自社製品の価値がいかに高いものかを説明した。

と同時に、社長自身が自社商品の真の価値に気づいていないということは、同社はブランディングに課題があるのではないかということに思い至った。しかも、作っている製品は一級品にもかかわらず、大衆向けのカタログ通販に出品しているということは製品と目指すマーケットにズレを生じさせている。ということは、ブランディングがしっかりと確立していないということが言え、ここを修正していかないとだめだろうと考えた。

その際、同社の今の方針が間違っているとは言わなかった。もっと売れる先があるかもしれないと言い、航空会社の機内誌に載っている通信販売などを例として挙げた。

具体的に言うと、全日本空輸㈱（ＡＮＡ）と㈱日本航空（ＪＡＬ）では、競うようにカードホルダーを増やして固定客アップを図っているし、その方策の一つとして専用カードの使用を促す物販にも手を伸ばしている。分かりやすく言えば、マイレージを絡めた通信販売を積極的に行っているということである。ただし、カードホルダーは極めてカテゴライズされた人で、飛行機を日常的に使っている人だから収入レベルが高いことは容易に想定できる。

こうしたことを根拠にして「その丸善ブランドで売ってきたという実績があるから、ＡＮＡやＪＡＬの通販に持っていけば喜んで機内誌に載せてくれるのではないですか。場合によっては、オリジナル商品を作ってくださいということになりますよ」と社長に提案した。

社長は自信のなさそうな様子だったが、それからの動きは早く、航空会社ではすぐに採用が決まったとの連絡が来た。しかも、ＡＮＡとＪＡＬ両方だという。ＡＮＡでは、機内誌20周年の記念事業の一つとして記念グッズの依頼まであった。つまりは、このブランディングは的を射ていたというわけだ。

その他の販売チャネルとして、ネットショップも提案した。同社のこれだけの商品力を持ってすれば、ネットショップでも売れる。ただし、ネットショップは同社からすれば未体験ゾーンであり、いきなり取り入れるにはかなりの距離感があるだろう。だから、最初は地域のブログポータルサイトを利用し、ビジネスブログで同社のこだわりをメッセージとして発信することから始めることを考えた。それが定着したならば、本格的なネットショップを開設することにした。

最高のサポートをするために、具体的な提案はネットビジネス専門会社㈱シーポイントにお願いした。浜松の地域ブログポータルサイトに『HamaZo（ハマゾー）』というのがあり、そのプロジェクトの最高責任者が同社の取締役で、その方に中心となって協力してもらった。

## 社長のクラフト魂に火をつけ意欲を上げる

豊岡クラフトの強みは工夫を凝らしたグレードの高い商品づくりで、社長自身、もっといい物を作りたいという並々ならぬ思いがある。この会社のポテンシャルは販売ルートの拡大だけで発揮されるものではない。そこで、社長のものづくりへのこだわりに着目してこんな提案を仕掛けた。前で少し書いた新製品開発である。

ビジネス雑誌の広告のページを次々と開き、高級腕時計メーカー数社がそれぞれ見開きの大きな広告を出しているのを指し示し、それらが人気であることを説明しながら一本数十万円から百数十万円に至る高級腕時計を買う人の消費行動を一緒になって考えた。彼らは腕時計にかなりのこだわりを持っているだろうから、おそらく所有している時計は一本ではない。そんな時計を収納するケースが存在するかと社長に聞いたところ、そんなものはないと言うので、「では作ってみませんか」と提案してみた。加えて、高級な万年筆のブームから時計の場合と同じようにこだわりの万年筆入れを作ることもすすめた。

こうした提案に対して、社長は大乗り気で「実は、こうしたものが作りたかった」というのであった。すなわち、社長自身が考えている方向性と世の中の方向性を合致させた形で新商品開発を提案したわけである。

初対面で始まり、以上のような提案まで1時間ちょっと。あっという間の面談だった。

相談を終えた社長のモチベーションはものすごく高いものだった。当日の夜遅く、「ブログを作るお手伝いをしてくれる人はいつ来てくれますか」というＦＡＸが届いていたことを覚えている。それも夜中の12時頃。社長は会社に戻ってすぐ従業員である家族に今日のことを話したのだろう。抑えられない気持ちの昂ぶりが夜中にＦＡＸを送らせたのだと思う。

経営者の真のニーズや光る部分をズバっと見抜き、明確に進むべき方向性を提示すれば経営者はパッと飛びつく。その相手とのやりとりの中でこれらを瞬時に見抜き、テンポよく行うべきアドバイスが思いつけるかどうかが大事である。

豊岡クラフトの場合は、カタログに載った製品の豊富さ・品質もさることながら、これを説明する時の社長の熱心な話しぶりを見て、ものづくりに対する思いの深さが読み取れた。ここにどうフィットするかである。

ＡＮＡとＪＡＬの両機内誌にそれぞれ一年以上に渡り紹介され続けた同社商品は、結果として、従来認知度が決して高いとは言えなかった「豊岡クラフトブランド」を〝超一流品〟という位置づけで確立できた。そのことから、既存商品への注文はもちろん、万年筆が２００本収納できるケースや特別サイズの収納棚、ライティングデスク、マガジンラックなど、特注品の注文が際立って増えたという。

売れないとしたらその理由は何か、会社の強みとは何か、その核心部分に辿り着かないと真の問題解決にならないという示唆に富む成功事例である。

## ケース5◆㈱フードランド

# 公的制度申請とメディアの活用により認知度を高め今後の可能性を拡大化する

### 地域産業資源活用事業計画の申請等をアドバイス

食品加工・卸業の㈱フードランドも静岡銀行から持ち込まれた案件である。私がはままつ産業創造センターの専属のコーディネーターであった、2007年に初めて中村健二社長は訪れた。

同社は、規格外のみかんを皮ごと酵素分解処理してペースト状やパウダー状にして、それらを加工したものを商品化することを考えていた。その開発の背景には、同社所在地である浜松市北区三ヶ日町は、全国屈指の高級みかんの産地で、傷や糖度不足などで販売できない規格外のみかんや育成中に摘果されたみかんの有効活用というブランド産地ならではの課題があった。

そもそも食肉加工が本業の同社なのだが、肉を軟らかくする食肉酵素剤を使うことにヒントを得て、皮ごとみかんをペースト・粉末化する技術を開発。その技術を活用して、廃棄されるみかんを利用した加工商品を製造、すでに販売しているシャーベットなどは好評を博していた。ある程度販路も確保でき評判も得ているという。

ではなぜ、中村社長が私のところに相談に来たかというと、原料のみかんが浜名湖に面した陽あたりのよいみかん畑に大量に廃棄されて放置されているにもかかわらず、地元の農家や農協の理解が得られず原料が入手できなくて困っていたのだった。

こうした話を社長から話を聞いて、私はいたく感心した。何より原料が素晴らしい。今まで廃棄されていたみかんが、この技術によって再生され商品化される。まさしく「もったいない」の心が生きている。みかんのペーストや粉末なので汎用性が高く、他社の商品でも活用できる。

それに技術力も高く、先ほど食肉酵素剤と書いたが、ある有名なモツの加工品にも実際使われている技術で、これを転用したところも面白い。安全性については、このモツの加工品で証明されているわけだから何も問題もない。

そして、社長にこのような技術を使ってみかんをペースト化しているところは他にあるか聞いたところ、知っている限り存在しないのではないかという返事だった。ということは、独自性が高いということである。

こうした利点をすべて挙げ、私は社長を褒めちぎった。

そのうえで、中小企業地域資源活用法に基づく地域産業資源活用事業計画に申請すれば認定される可能性が高いとアドバイスした。この制度は、中小企業庁が立ち上げた「中小企業地域資源活用プログラム」の施策の一つで、支援対象と認定されることで、補助金や税制の優遇などが受けられる。同社の事業は、地域の産業資源の有効活用で課題解決にもつながるため、きっと制度認定を受けるだろうと確信があった。

結果、私の期待していたとおり認定を受けることになる。

加えて、私は新聞等のメディアに対して、「非常に斬新な技術を使い、地域資源のリサイクルに生かせるビジネスがある」と発信したところ、日本経済新聞が大きな写真を載せて紹介したのをはじめ、様々な新聞で取り上げられた。

## 地元の農家や農協の対応にも変化が

こうしたことから、同社の認知度は高まり、ビジネスは大きな広がりを見せてきた。メディアの効果はもちろんあるが、こうした公的制度に認定されることによって、広く認定企業や当該社の技術高度が知れ渡るようになる。どんなに優れた商品、技術でも知ってもらわないとビジネスは広がっていかない。

同社も例にもれず、最初は地元の酒造会社に始まり、その後、大手菓子パンメーカーや大手飲料メーカー、大手ホテルチェーンなど多くの企業から提携や共同開発等の依頼があった。と同時に、同社にあまり関心をよせなかった地元の農家や農協、一般商店も、対応に大きな変化があり「一緒にやろう」と言い出した。これで、同社は仕入れ・販売の両面でルートがさらに拡大し、ビジネスの可能性は爆発的な広がりを見せるようになった。

　中村社長からすると、こうした展開は以前からは考えられなかったことだという。私とのやりとりを通じて自社の技術に確信を持ち方向性が明確になった。そこから始まり、メディアと国の認定制度により存在が広く認知されたことで、多くの協力者が現れ、成長への足取りを確かなものとすることができた。

　可能性を持ちながら、本人がそれに自信を持っておらず、人にも知られることもなく世の中に埋没したとしたら、それこそ「もったいない」話ではないか。企業を支援するという仕事の重さ、醍醐味を実感させられたケースである。

ケース6◆ニチエー吉田㈱

# 高い実績や技術力を認めたことから信頼を生みお互いに新しい協力関係に発展

## 出会えた感激をありったけの言葉で…

コンクリート仕上げ施工業者のニチエー吉田㈱の吉田晃社長と知り合ったのははままつ産業創造センターができて間もない頃だった。地元に『浜松情報』という月2回発刊のビジネス系の情報誌があり、この雑誌の編集長から「小出さんに会ってもらいたい人がいる」と紹介されたのが吉田社長で、当時74歳だった。

最初の訪問は2007年の8月くらいだったと思う。

新規事業についての相談で訪れていただいたのだが、そこでまず、会社の事業内容と施工実績を聞いて驚いた。

打放しのコンクリートの建物があるが、同社はこうした表面の意匠性・耐久性を高めるための表面仕上げをする稀有な技術を持っている。この技術は「吉田工法」と名付けられ、業界ではその独創性が認められており、たいへん有名だという。

これまでに手掛けた仕事は、皇居や首相官邸、表参道ヒルズの打放しコンクリートなどそうそうたるものばかり。この仕事をして長くなり静岡県内にあるユニークな企業ならあらかた知っていると自負していた私は、一流の仕事をしているこれほどの企業が自分の今いる浜松にあったことにもショックを受けた。

こうした企業に出会えたうれしさを表現するように、同社のこれまでの実績や技術力の高さについて、私はありったけの言葉で褒めた。社長は最初戸惑っていたようだが、「こんなこと生まれて初めて言われた」と涙を流さんばかりの感激ぶりで、それまでの辛い思いを語り始めた。

同社は創業50年の歴史を持っており、コンクリート仕上げ施工業の前にはビルの清掃業を営んでいた。ビルのメンテナンスや清掃を行う会社は社会的に正当な評価を受けられないことが多く、同社も地元の中で軽く見られていた。

金融機関からも温かく迎えられていたわけではない。過去に事業に失敗したことも響いていた。起業家精神が旺盛なため、ホバークラフトを飛ばすような事業に挑戦して大借金をこしらえたということもあって、評価は必ずしも高くなかったのである。

私自身、このような高い技術を持つ〝スーパー〟な企業に出会えたことはうれしいことであったし、吉田社長は自社を評価する私に会ったことでモチベーションが上がり、信頼できる相談者を得たのだと思う。今でも同社とはお付き合いをさせてもらっているが、こうしたお互いの当初の印象が今のいい関係を続ける要因となっている。

## サポートする側される側以上のより深いつながりに

当初の相談内容である新規事業というのは、東日本旅客鉄道㈱（ＪＲ東日本）と同社が共同開発した壁面の落書きを防止する工法の施工についてだった。この工法は、壁面の表面を滑らかにする樹脂を塗り、60ミクロン（㎛＝１０００分の1ミリメートル）を超す凹凸をなくし、その後塗料をはじく樹脂加工を施すというもの。これにより、塗料をはじくほか、壁面に残った塗料も水性の洗剤で簡単に除去できる。

それまでにも、塗料メーカーなどが樹脂塗装による落書き防止策を開発していたが、きれいに除去できなかったり持ちがあまりよくなかったりした。しかし、この工法では落書きが消去しやすいだけでなく、張り紙も簡単にはがすことができ、効き目も3年以上持続することが実証されていた。当時、すでに渋谷駅や新宿駅等で施工されているということだった。

このとき、吉田社長にニーズとしてあったのは、この工法を落書きに悩むところに広く活用してもらうことだった。そこで、施工先の紹介などで販路拡大を図っていった。その後も技術調査の協力先の紹介等の技術面のサポートも行っている。

同社との付き合いは、単にサポートする側とされる側という関係を超えたものになっている。例えば、若手起業家の一人にスプレーアートをしている橋口論さんという若手起業家がいるのだが、私は塗料を塗る人と塗らせない人とがコラボしたら何か面白いことができないかと考え、彼を社長に引き合わせた。彼は現在ニチエー吉田に出向して、吉田社長から事業家としての戦略眼から経営実務まで直々に指導を仰いで頑張っている。

社長は私のことをファミリーだと言ってはばからない。今でも会うと申し訳ないぐらい感謝をしてくれる。事業を50年も引っ張ってきた創業社長、業界の中でも評価の高い社長からこれだけ信頼してもらうことは、私にとって大きな勲章だと思っている。

ケース7◆㈱司技研

## 相談を受けている中で自社の強みを気づかせて、高技術・短納期を売りに新規顧客獲得も狙う

### 高度な技術や短期間納入などの強みがあるが…

㈱司技研は、創業平成元年、本社・工場を富士市に置き、金属製試作部品の製造・加工を中心に行う。放電加工機や研磨機など最新鋭の設備群を備え、マシニングセンター加工やNC放電加工、ワイヤー放電加工などで高度の技術を有している。

このような切削の技術とともに、三次元CAD（コンピュータによる設計）などのプログラム知識や高い設計技術を持つ技術者も多くおり、精緻な部品加工と同時に短時間での加工を可能にしている。

金属部品の試作は、金型鋳造で行われることも多いが、同社のメインである切削加工は、材料が少なくて済み、金型を作る手間がない。金型を作るのに比べれば、半額以下の値段で製造できるし、ものによっては10分の1程度でできるという。そういう意味でも短納期が可能であり、しかも比較的低コストが実現できるのである。

つまり、同社は複雑な加工でも精緻に行い、そのうえ短期間で製品を納める、製造業として

は非常に強みのある企業である。ちなみに、同社では、多くの企業があまり喜ばないたった１個の部品加工依頼でも受け入れている。

これだけの強みがあるのであれば、これらを活かし、前面に押し出して事業を展開すればいい。事業の問題を解決するのはそう難しくないように思うし、そもそも私のアドバイスを受けなくてもいいように思う方もいると思う。

では、どうして同社は相談に来たのか。要は、自分たちの強みを強みとして認識していなかったからなのである。

## 意外に気づいていなかった自社の強み

同社の中川一政社長と知り合ったきっかけは、２００８年8月、富士市産業支援センターの開設を記念して行われた「産業活性化シンポジウム『挑戦することは尊い！　公的産業支援がまちをおこす』」というオープニングセミナー。その際に参加していただいたことがきっかけで、後日来訪していただいた。

中川社長から発せられた悩みはこうだった。

「売上げが伸び迷み、先行きの見通しがつかない」

私は、同社がどのような企業であり、どんなセールスポイントやウィークポイント（強みや弱み）があるのかなどを丁寧に聞き出していった。

中川社長は売上げが伸び悩んでいること、それはこの厳しい経済環境の中で受注が減少しているからであることを悲観してばかりだった。ところが、技術面の話になると、高性能な設備や高い技術を持つ技術陣について自信があることがその口ぶりに表れていた。前述したように、事実、同社はそれだけの技術力を持っている。

そうした話の中で、何気なく言われたのはこんな話だった。激しい開発競争が行われている今、納入までの期間が短くスピードが求められることが多いことや、同社はそうした受注に応えていること、たとえ1個の加工依頼であっても受注しているということである。

複雑形状の金属加工は、一般的に早くても10日前後かかるという。それを、原材料さえ整えば最短で3日で納入しているというのだから、ものすごいことである。しかも、1個でも受注するところは数少ない。私はこれまでの経験からこう感じ、同社の光る部分を見つけた。

## 自社の力を再認識してもらう

「高度・精緻な技術、短納期、少量（1個）加工受注という特筆すべき特徴を大きくアピールしよう」

私はそう考え、会話の中で中川社長にこうした自社の強みを自ら気づいてもらい、「試作特急サービス3DAY」というネーミングで、既存取引先だけでなく広くPRし、新規取引先獲得を図ることを提案した。

この「試作特急サービス３ＤＡＹ」という金属加工サービスについて、少し内容を説明すると、対象の試作品は縦横約50㎝以内で、素材は鉄、アルミ、ステンレス、チタンなど。受注から最短３日で製造・納品する。

こうしたサービスは、これまで既存取引先に行ってきたにもかかわらず、改めてＰＲすることで、技術の確かさや短期納入といった同社のよいところを顧客に認識してもらうことができた。また同時に、新規取引先にこのサービスをきっかけに、様々な受注を得るようになっていった。

中川社長からすれば、こうしたサービスは自社がこれまで行ってきたことであり、ある意味普通のことであったため、それが取引先へのアピールになるとは思っていなかったのだろう。私との会話とアドバイス・提案等を受ける中で、自社の技術や取組みなどを改めて認識してもらったのだと思う。

ケース8◆シャイニングフィールド

## 富士川だけでなく海外にも目を向けてオフシーズンの人材余剰問題を解決

### 一見順調だがオフシーズンがネックに…

日本3大急流の富士川を拠点に、ラフティングのツアーを企画・実施するシャイニングフィールド。同社の遠藤高史代表が、最初に、富士市産業支援センターに来訪されたのは、2009年2月。知り合いの紹介を受けてだった。

みなさんは、ラフティングというスポーツをご存じだろうか。特殊なゴム素材のボートに最大8人ほどが乗り、協力してパドルを漕ぎながら急流を下る。急流には大きな岩が多くある場合もあり、それらにぶつかったり避けたりしながら川を下っていく人気のアウトドアスポーツである。

同社は、富士川で行うラフティングツアーを実施しており、参加者は開始5年間で毎年約10%の割合で増加。2008年は、20歳代から30歳代の女性を中心に、約4000人がツアーに参加している。

一見順調な実績を上げているように思われる同社であるが、実はシーズンオフという問題がある。ラフティングの国内シーズンは、４月～11月。それ以外のオフシーズンは、実質休業状態であるから、リバーガイドなどのスタッフの活用が問題となっていた。

そこで、遠藤代表が並行して経営しているレストラン等の外食部門に、オフシーズンの間、そのスタッフたちを投入していた。しかし、彼らはリバーガイドである。既存のスタッフとの関係や彼らのモチベーションの低下などの問題が起こり、あまりうまい方法とは言えなかった。

そうした経緯から、遠藤代表は私のところに相談にみえた。私はそうした問題とともに、同社についてや、ラフティング業界や顧客傾向、遠藤代表が行っている他の事業について、詳しく聞いていった。

そうした中で分かったのが、ラフティングをできる川が全国で限られていることや、自分のひいきにしている川がオフシーズンになってしまうとラフティングの好きな人は他の川に移動することであった。つまりは、ラフティング好きは季節が変わるとともに活動場所（川）を移動していく。四季のある日本では、冬場ウォータースポーツのレジャーを行う人は少なくなり、ラフティングを求める人は海外に行くそうだ。

## 海外ツアーにスタッフが同行することを売りに

そうしたことから、私が考えたのは、富士川のオフシーズン中はラフティングがシーズンの外国へのツアーをシャイニングフィールドが行うことだった。季節が逆のオーストラリアならちょうどいいだろうし、ラフティング仲間やグループがある程度まとまっているのであれば参加人数も見込める。

それに、同社のリバーガイドが同行するとなれば、個人で海外のラフティングに参加する不安感が払拭できるのではないかと考えた。

そこで、同社のリバーガイドが同行し、現地のガイドを交えた直前講習を必ず折り込み、情報不足や安全性の不安を顧客から取り除く。それは、ラフティングツアーとして十分な魅力・売りとなる。

また、この相談時期はちょうど富士山静岡空港の空港開港の前であった。このタイミングに乗じて顧客にPRする企画として、ラフティングシーズンは富士川とほとんど同じだが、同空港と1日2往復運航する韓国のツアーも立てた。

以上のようなツアーを実現するには、海外ツアーを実施する旅行会社の協力が必要となる。そこで声をかけ提携協力に手を挙げてくれた旅行会社は2社。一つは名の通っている大手旅行会社で、もう一社は結果的に協力を得る地元の旅行業者「ジャパンツーリスト」である。

遠藤代表が最終的に同社を選んだ理由は、細かな意思疎通が可能ということもあったろうが、地元同士で頑張りたいという気持ちがあったのかもしれない。

当初の企画の詳細は、オーストラリアツアーが3泊5日、韓国ツアーは2泊3日と3泊4日として、ジャパンツーリストとともに内容を煮詰めていった。

遠藤代表は、この海外ツアーを拡充していくとともに、逆に富士川のラフティングへの注目を集めていきたいと、新たな展開への意欲も高めている。

## 観光商品が人や企業、まちを元気にする

最後に、シャイニングフィールドのように地域の観光資源を活かし大変魅力的な活動をしている企業を産業支援施設が中心となってつなぐことで、これまでになかったユニークな観光商品を創出するといった動きをご紹介しておきたい。

富士市産業支援センターで支援している富士市の農家の一つに、体験農園などにも積極的に取り組む農家がある。そこへ、東京で働く若者の団体が茶摘みツアーに来るのだが、茶摘みに加え何かひとひねりがあったほうがいいのではないかという相談があった。

私は直感的にシャイニングフィールドのラフティングはどうかと提案した。先にも述べたように、ラフティングは今大変人気なアウトドアスポーツの一つで首都圏を中心にファンが増加している。これを単なるスポーツとしてではなく、大自然を背景とした魅力ある観光資源として考えた場合、その可能性はさらに広がる。

このコラボレーション案はすぐに決まり、午前に茶摘みをし、午後はラフティングを楽しむという、我々が提案した企画は商品化されたのである。このツアーには地元メディアが同行取材するなど、従来認知度が決して高いとは言えなかった富士川ラフティングが新たな観光資源

として大きく注目されるとともに、参加者は富士地域の魅力をおおいに楽しんだ。

時をほぼ同じくして、私はシャイニングフィールドを含む富士・富士宮・芝川地域で様々な観光資源を活かした事業を展開する皆さんに声をかけ、富士市産業支援センターに集まっていただいた。これまで全くつながりのなかった企業が出会い、ネットワークを広げ、連携による可能性を模索したのである。

単体でも魅力あるビジネスがコラボレーションすることによって、付加価値の高い全く新しい商品を生み、それに関わる人と企業、そしてまちを元気にする。このような連鎖反応が起こるきっかけを作ることができるのも、事業支援の醍醐味の一つである。

# 2 常に満足のいく結果が出る支援ばかりではない～難しい案件の事例と傾向

## 力及ばない連携企業間の関係に…

一般的なことを言えば、様々な企業を数多く支援している中では、成功もあれば、うまくいかない場合もあるだろう。私が思う失敗というのは、経営者が私のアドバイスどおりにしたために、かえって会社を追い込む結果になった場合だ。私の場合は、覚えている限り、そういったケースはない。

私は企業に支援を行ってなるべく早く成果が出ることをモットーとしている。たとえ時間がかかってもどんなに困難であっても、いずれは新規事業なり創業なりがうまく軌道に乗れば、一般的にはこの仕事は成功なのである。

確かに実際には、あまり順調に進まないなどで結果が出にくかったり、思ったような結果が出なかったり、今思えば考え込んでしまうケースというのもある。ここでは、そうしたケースの例を紹介するが、これを参考にこの仕事の難しさを感じ、または戒めとして見ていただきたいと思う。

## 〈ケース1〉 大企業との連携ゆえに生じる難しさ

ある素材製造業から相談があり、当初から支援の方向性を見出し、短期間で大手企業との連携を実現し、それとともに公の支援制度の認定を受けた。

この企業は技術的な優位性が非常に高い。だから国の制度に認定されるのであるが、その技術的な高さとビジネス的な優位性に若干のズレがあり、それがもとで事業が軌道に乗るのに時間がかかっている。同社の場合、相手先が一部上場の大手メーカーであったがゆえに、そもそも高度な技術力が求められ、かつ他でもどんどん新しい技術が開発される業界はやはり厳しく、時の経過とともにますます技術的な要求が高くなっていった。それに応えるため、新しい素材の開発を続けていったのだが、求められる機能の達成に及ばず、当初の計画よりも事業化が1年、2年、3年と遅れていったのだ。

中小企業にとって、大きな開発を長期にわたって行うということは非常に負担が大きい。そのうえ、結果がなかなか出ないということに対して、経営者の焦りも出てくる。企業の体制としても経営者個人の気持ちとしても追い込まれる状況だ。

私は途中まで十分な支援ができたのだが、大手企業との関係や技術開発の進度については、とても手に負えるものではなかった。中小企業が素材や基幹的な業種で大手と対等に組んでいくことの難しさを知った事例である。

## 業界構造上の問題も踏まえた支援を

### 〈ケース２〉業界構造上の問題がネックになる

新連携の認定でお手伝いしたある案件の話である。

この案件でネックとなったのが、業界構造上の問題。様々な産業で見られることだと思うが、例えば着物を着る機会が一般的に多くないため着物があまり売れない、牛乳を飲む人が減ったため畜産農家が牛乳を生産しても廃棄されまた販売価格も低く抑えられる、国内で製造される木造建築が減ったためおがくずが手に入りにくいといった消費・生産とつながった業界の構造的な問題である。

この案件の会社は、ある製品の品質を向上させる独自の技術を持っていた。つまり、原材料が１級品でなくても、その技術工程により製品は１級品を使った場合と遜色がなくなり、しかもその分原材料の価格は安価にできる。

こうした技術により、大手企業との販売提携が決まり、早くに新連携の認定を受ける。ここまで、順調に進んでいるように見えていたが、その後、問題が露呈する。確かに、その技術は素晴らしいのだが、求める原材料の仕入れが思うようにいかず、大手企業が求めるだけの生産量に及ばないことが分かったのである。それでは、大手企業としてはこの会社から製品を仕入れる意味がない。どうしてこのような事態になってしまったかと言うと、先ほど示したような業界構造上の問題のため、必要な原材料が十分に手に入れられなかったというわけだ。

このケースは、技術のオリジナリティは高く、ある程度市場も確保できているが、業界全体の構造的問題を解決していかなければこの販売体系は成立しない。どんなに優れた技術であっても市場構造にマッチしていない事業はうまく進まないということである。その業界の構造的な大きな流れ、業界の産業構造という観点から支援を考えなければいけない。

今から思えば、そうした観点を十分に想定すべきだったのではないかと、後悔する部分もある。ただし、それだけではなにも前には進まないので、私たちだけでは手に負えない分、国にも県にも広く協力を要請する必要もあるだろう。

## 現状の金融支援制度の態勢ゆえに生じる悩み

### 〈ケース3〉新しい事業分野にかかる莫大な資金の調達方法

研究開発を進めるある製造業から、ある日突然アポを求められた。

その社長が来て言うには、ものすごい製品ができたということだった。確かにそれは業界初のことであった。しかも世界的な市場で活躍することが考えられ、汎用性も高く、将来の広がりを大きく感じられるものだった。

そうしたものをベンチャーキャピタルが見逃すはずがない。同社が相談に来たときには、ベンチャーキャピタルの最大手がアプローチしてきている時期で、そこは投資に前向きなようであった。しかも、１社だけでなく複数社来ているという。

　ただし、すべて静岡県外のところだったので、社長からすれば不安であるということだった。しかも、ベンチャーキャピタルを入れてうっかりすると経営権も失ってしまうという心配が彼にはあったのである。

　しかし、まだまだ研究・開発コストが膨大にかかる。一番いいのは金融機関が融資をしたり、行政が国レベルのプロジェクトとして支えてくれることである。補助金や助成金はすでにもらっているが、もっと巨額な金額が必要となったときには同社は困ってしまう。

　今のところ、どのスキームで支援すればいいか、結果は出ていない。しかし、うかうかしていると、ヘタをすれば海外の企業に技術を追随されてしまい、最後には世界中で研究されてしまう。早急な支援体制が望まれるところだ。

　この案件の難しさは、先に直接投資か間接投資かという議論が必要なものの、地方銀行や信用金庫がまだ形になっていない優れた技術に対して、担保もなくほぼ丸裸に近い状況で数千万円を融資することができるかどうかというところである。長期的な観点が必要なのだが、今のところまだそのような資金調達環境になっていないのが残念なところだ。

　金融支援という観点から考えると、事業として将来的に発展が見込まれる案件には無担保でも融資を実行すべきであるのだが、支援サイドから見ると保全がどうしても気になる。それは当然のことである。

私からすれば、事業として形が見えているものについては既存の制度で適用できるものがあればすぐに紹介することはできるが、既存の制度に当てはまらないケースも出てくる。この会社のケースはまさにそうだ。国内外で価値が高いと思われていても、既存制度に対応できる資金調達方法がなければ活用できない。そこにジレンマを感じている。

例えば、ハイテクベンチャーの案件は、おしなべて資本政策の部分で躓いてしまうことが多い。どこかの時点で外部資本を入れていかないといけない。

しかし、社長一人従業員一人といった小さな企業の場合、経営者は外部資本を入れたくないという気持ちがある。それでは事業は進展しないのだから経営者はどこかで決断せざるを得ないのだが、今度はどこまで外部資本を導入すればいいかの判断がつかない。そのあたりについても、私たちがサポートしていくことが必要となるのだ。

## 事業規模の拡大が果たしていいものか

### 〈ケース4〉仕事と家庭・人生観のバランスがとれなくなる

現在ますます業績を拡大している企業の話である。起業初期の段階では、私の想像するベストに近い形で事業を立ち上げることに成功した。起業して半年後には事業化し、全国紙に載るような企業にまで成長した。

ある程度想定していたことだが、一定のレベル・規模を超えると大手企業との競合が起こる。新しいビジネスモデルであったが、それゆえに似たような事業が次々と出てくる。それらと対抗しようとすればさらに会社を大きくしなければならなくなる。

確か、本格的に事業化した1年後だったと思う。大手メーカーが同じような商品・サービスを展開してきた。この大きな競合相手が表れたということで、同社は急速に事業規模を拡大しないと遅れを取ってしまうという状況になった。

この会社の社長は、脱サラで、結婚して夫婦で子育てをしながらコミュニティビジネスとしての起業を目指していた。そもそも、のんびりとした田舎の生活を好む人であったが、資金調達などのため毎日のように東京へ新幹線で通うようになった。私から見ると、ビジネスと人生の方向性が微妙に合わなくなってきているように感じた。資金調達のために大変苦労してベンチャーキャピタルを回っている彼に対して、何かほかのアドバイスはなかっただろうかと思う。

私は最短距離で事業化させるということを目指し、彼に対して支援したけど、彼の人生にとってこのスピードでの事業化は本当によかったのかということがいまだに分からない。仕事も人生もハッピーで周囲もハッピーになるのならいいけれども、そうでないケースも出てくる。最終的には本人の問題ではあるが、どうしても考えてしまう。

もちろん、たかだかコーディネーターの立場でそこまで関わる必要がないとも思う。と同時に、そうした気持ちになってしまうのもまたコーディネーターかもしれない。私と同じスタンスの支援をしようと思ったら、同じような悩みを持つのではないだろうか。

経営者の本音として、地元に根ざすほうがいいのか全国を目指すほうがいいのか、方向性を見極める目を持つこともコーディネーターとして必要となる。しかし、人がやりたいと言っているのに、私生活に踏み込んで「やめときなさい」とは言えない。とりあえず挑戦してみたらということになる。彼の場合もまさにそうだったと思う。

当然かもしれないけれど、起業家を支援する私たちの仕事は、起業家にすごく大きな影響を及ぼす。もっと言うと、その人の人生が変わってしまうと言ってもいいだろう。いいように変われればいいが、そうでなくなってしまうこともある。非常に責任の重い仕事である。それをみなさんにも心していただきたい。

## 情報を集め、自分自身で経営者の資質の判断を

### 〈ケース5〉精神的に不安定な経営者への支援

支援した結果、その経営者の手伝いをしないほうがよかったのではと思うことがある。よくあるのが、精神的に不安定なところがある経営者の場合である。

面談当初からそうした経営者の不安定さが明確に分かるわけではない。いつも初めは、できる限り最短距離で成果を上げようとか、事業を立ち上げようとして精一杯手伝いをする。そうして支援していく中で、だんだんとその経営者の精神的な不安定さが見え始め、それが懸念材

料となってくるのだが、支援に集中しているためその点に目を向けない状態でいることもある。そのため、支援が終わるまでやりきってしまったり、精神的な不安定さが明確に分かるまで支援を進めてしまったりする。

実際、私が携わっていた案件の中にも、支援が終わった後に当該経営者のことで、私が首をかしげてしまう話を聞いたりすることがある。そのことで、私は事業化によって多くの人に迷惑をかけているのであれば、支援しなければよかったと後悔するのである。

なぜ私がここまで言うかというと、事業をうまく運んでいく過程では、販売・仕入れや技術提携といった関係先が必ず生まれる。それを経営者の精神的な不安定さゆえ、納入・支払いや事業を滞らせることがあってはその関係先に大きな迷惑をかけてしまう。それを私は問題視しているのである。

この世界に長くいるので、今では最初から「この人、精神的な不安定さを抱えているな」とある程度分かるようになった。だからといって、事業化に高い志を持っている人に「やめなさい」とは言えない。ただし、誰かを紹介することによって、その人に迷惑をかけるわけにはいかないので、精神的に不安定さを抱える経営者だと判断した場合は、決して人は紹介しないようにしている。それが私のできる最低限のことだ。

もちろん、その前段階としては、経営者のひととなりをしっかり見極める必要がある。金融機関には「経営者の資質チェックシート」というのがよくあるが、このチェックで十分とは言えない。やはり担当者一人一人が情報をできる限り集め、自分の目で判断するということが重要である。それには、ある程度、経営者のそばに立って、分かりやすく言えばその経営者の部下となって働きたいかということを考えることが肝要なのである。

◆第４章◆

# コーディネーターとして必要なスキル・知識を身につける！

# 1 コーディネーターとして必要なスキルはこうして伸ばす！

コーディネーターとして必要なスキルはいくつかあるが、その中で、最も重要なのは〝問題発見能力〟である。これは、経営者が気づいていない光る部分に加えて課題を発見する能力のこと。そして、問題発見能力を育成・習得する前提として必要なのが、「ビジネスセンス」「コミュニケーション能力」、そして「情熱」の三つである。これら能力を備えていけば、自ずと問題発見能力も育ってくる。そこで、以下ではこの三つの育成・習得方法について、それぞれ説明していこう。

## (1) ビジネスセンスの育成・習得方法について

### 今の考え方を一変させよう

金融機関の人間がこれを身につけようとしたら、今の考え方を一変させなければいけないかもしれない。それほど難しいものであり、意識した訓練が必要となる。

誤解を恐れずに言えば、金融機関の人間は往々にしてビジネスセンスがいまひとつである。ビジネスにおける発想力が乏しく、従来以上の発想が出てこないように見える。

その根本には、この業界のいいところでもあり悪いところでもあるのだが、型にはまった、あるいはルールをはみでない人間を重視し育成していることがある。そのため、優秀であっても、固定概念に縛られ頭の固い考えしか浮かばない人が目立つ。

そのうえ悪いことに、金融機関の人間は自身が経済やその流れについてよく知っていると思い込んでいる。地域の人々や顧客も当然そうだと思い込んでいる。確かに、一般の方々に比べこの分野に通じていると言えるのかもしれないが、行員の多くは経済や産業について金融というフィルターを通してしか見ていない。

そもそも金融のフィルターの原点というのは、融資できるかできないかの良否の判断であるため、価値基準が単一である。そういった単視眼的なフィルターで物事を見ていては、ビジネスの成否は分からない。こうした思考では新たな発想が出てこないのは当然である。

例えば、金融機関の研修では、よく決算書の読み方などを教えているが、その数字は過去の企業実績であるという認識がないといけない。それを現状と捉えてしまうと間違いが起こる。

それに、『業種別審査事典』（金融財政事情研究会）で各業種については知っていても、世の中の動きをキャッチアップしていることにはならない。地域の金融機関であるというおごりで、地域経済や地元企業について何でも知っていると自負していても、こうした狭い器の中だけで物事を考えてしまっていては見るべきところも見てはいないのである。

## 新聞7紙を1時間かけて読む

こうした傾向の強い金融機関であるのだから、その中にいる人間はまず、自分は単視眼的な見方しかできないという認識や、地域の経済や産業のことをよく知らないという認識のうえに立つことが必要となる。

つまりは、先に言ったようにがらりと考え方を変えなければならない。それには、朝起きてから新聞の読み方、テレビの見方、買い物の仕方、普段の生活の仕方など、ありとあらゆることを見直し変えていく必要がある。

特に、私は多くの銀行員に、新聞を〝本当〟に読んでいるのか問うてみたい。社会人として金融機関の人間として新聞を読むことは常識のように思われ、多くの人が実践しているとは思うが、新聞をきちんと読んでいる人はそんなにいないと私は考えている。

昔、M&A業務を担当していた6年間は、新聞を7紙ほど読んでいた。日本経済新聞をはじめ、一般紙や業界紙、ローカル紙など、1時間くらいかけていたと思う。M&A関係だけでなく、あらゆる業界の記事も読んでいた。こうしたことを行ったのは、様々な業界のことや情報を知るためであり、そこから各業界の傾向や動向を読み取れるようになるためであった。

これを1年間みっちり行った。静岡銀行に戻っても一部続けていたが、続けている中で、短い時間でしかも多くの情報の中で必要な部分をピックアップして読み取れるようになった。どのように読んでいるかというと、私は現在3紙読んでいるが、3紙を隅から隅まで読んでいるわけではない。ザーっと見てその中で注目すべき記事を、特に金融関係以外のところで見つけるようにしている。そこで大切なのは、社会のトレンドを読めるかどうかである。例えば、日本経済新聞の「働く」という記事と消費・経済面の記事。これらの記事は社会状況の最前線を追っており、世の中の動きや動き方がよく分かる。同じ意味で、日経ＭＪもとても役立つ新聞だ。

## 必要なポイントを読み取り咀嚼する

効率的に新聞を読み込んでいければいいのだが、とはいっても金融マンはかなり忙しい。時間に余裕がないときは少なからずある。そうしたときは、担当の取引先に関わる記事をピックアップして読み込む。

例えば、担当先にラーメン屋があるとしたら、ラーメン屋だけでなく外食関係の記事にも目を通す。１００年に一度の不況とあれば外食関係では非常に厳しさを増していることが想像できる。そうなると個人で経営しているところだけではなく、大手ファミリーレストランなども経営が厳しくなっているはずで、メニューの大幅な見直しや新サービスを提供してくるところも多い。このような流れを飲食業というカテゴリーで捉えていくのである。

それを前提として、担当のラーメン屋さんと話をすると、話は膨らんでビジネスチャンスが生まれる可能性も出てくる。単に経営が厳しいという話だけに終始していては、ビジネスの芽は出てこない。

洋服屋であれば、地方の小さな婦人服の小売店であっても、世の中の洋服の消費の大きな流れを知ったうえで、ユニクロや今年流行りそうな素材、デザインなどの話をすることによって話は膨らむ。

先ほど、〝本当〟に新聞を読むという言葉を使ったが、これはすなわち面白いと思って必要なポイントを読み取り、それを自分の頭の中で咀嚼することだ。そうして得た知識を現場で活用していけば、その効果は大いに期待できる。しかも、このような訓練を普段から行っているのといないのとでは、将来雲泥の差が出ることになる。

ちなみに、土曜日・日曜日ならではの紙面についてもきちんと見ておきたい。流行りもののベスト10だったり、新商品の話だったり、新しいパソコンの話だったりと、様々なトレンドが出ている。土日は銀行員も休めるはずだから、ゆっくりと読めるだろう。

## コマーシャルやコンビニで事例研究を

ここまで、読んでこられたみなさんはすでに分かっていることだと思うが、要するに今世の中にはどのようなトレンドがあって、どのようなものに興味が持たれているかについてを、常にインプットしていることが大事なのである。

テレビも同様で、そうした意識を持って番組を見ることである。毎回見ることは難しいかもしれないが、例えば平日の夜遅い時間にやっているテレビ東京系列『ワールドビジネスサテライト』や日曜日朝のＴＢＳ系列の『がっちりマンデー‼』、ＮＨＫの『経済羅針盤』（２００９年４月から経済ワイド vision e）などはトレンドを追っかけた企画を行っている。トレンドを意識してそうした番組を見ることができるかどうか、それで大きな差が出てくる。

と同時に、私が特に注目しているのは、テレビコマーシャルである。なぜこの企業はこの商品を発売したんだろう、誰が買うんだろう、自分なら買うだろうか、そういったことを瞬間的に頭でシミュレーションする。これは新聞を見てもそう。すべての時間をそうしたことに費やす必要はないが、日に何回かでいいから何かの商品に目をつけ、それがどうして目についたのか考えることが大事である。

コマーシャルでは、企業が今売りたいと思っている商品ばかりを広告しているのであり、まさにそこはショールーム。それをなぜ、どうしてと考えシミュレートすることが、ビジネスセンスを養う一番の入り口である。

コンビニエンスストアも今流行りの商品のショールームと言え、新商品もよく販売されている。コマーシャルの見方と同じように、この商品はなぜ生まれたのだろうかということを、ホームページなどで調べる。そこに何かヒントをつかめるきっかけがある可能性がある。そうしたことを繰り返す。忙しい金融マンでもコンビニは週1回くらい行くであろう。そのときに意識して買い物するかどうかである。

こうしたことはすべて、企業の事例研究につながる。

具体的にどのように調査・研究すればいいのか。例えばあるメーカーが発売した非常に辛いカレーがある。私は買って食べた。食べたときは当然辛かったという感想しかなかった。その後興味が出て、その会社のホームページを見る。それで、何でこの商品を出したかという歴史が分かる。実は当初1回販売してうまくいかなかったため製造を中止したとか。その後夏限定の形で、毎年バージョンを変えて販売するようになったとか。

こうしたことから、極端な辛さだから、販売している企業も定番として売れるとは思っていないこと、やっぱり夏といえば辛いものであるから、夏限定にしているからうまくいっているということが分かってくる。

以上のように、身近にある商品を調査・分析することで商品の戦略が把握できる。ひいては、新商品を通じてその企業の戦略も見てとれる。金融マンは融資判断をするうえで、企業戦略を見ることが求められわけだから、このような能力が必要となるのは当然であろう。こういうことを続けていれば、それらすべてがケーススタディになる。机の上で勉強するわけではなく日常の中で意識さえしていれば簡単なこと。すぐにでも取り組んでみてもいいと思う。

難しく考える必要はない。なぜこのポテトチップスが出たんだろうというだけでいいのだ。そして、なんでこの時期なのか。ネットのキーワード検索をしていると、他社の追随やどの時期から追随しているかも分かる。

## 普段の生活の中で磨く

このようにビジネスセンスを磨くことは、企業の〝光る〟部分を発見する力の礎になる。例えば、値段の背景というものがある。少し高めの値段設定だとすると、それには素材だけではなくブランドの値段も含まれていると考えられる。そして、そのブランドの価値はどのようなところにあるのかを考えれば、そのブランドからはどんなサービスが期待できるかが見えてくる。つまりは、光る部分の発見から、ついにはセールスポイントを考えるに至るわけだ。

日常の中で何気ないことであってもすぐに通り過ぎてしまうのではなく、そこで何かをつかめるかどうかが大事である。高品質のものには高品質の理由がある。グラス一つとってもそうだろうし、あるいは従業員の立ち振る舞いだってそう。こうしたことに瞬間的に興味を持って、判断できるかどうかがポイントとなる。普段の生活の中で関心を持って把握できるかどうかなのである。

今のトレンドを察知したり肌で感じたりするのは、若い世代のほうが得意のような気がする。しかも、興味のあることだと思うので、若い金融マンにはなおさらチャレンジしてほしい。若いうちからこうした感性を磨き、中堅、管理職、役席になれば、組織全体が変わっていくのではないだろうか。

## (2) コミュニケーション能力の育成・習得方法について

### 学生時代のアルバイトがきっかけに

次に、コミュニケーション能力をどうやって高めるかである。専門家ではないので、ロジカルに話すことができないため、私の経験を述べていこう。

意外に思われるかもしれないが、私は小中高時代、コミュニケーションはそんなに得意ではなかった。高校時代の友人たちは私がメディアに出て話している様子を見るときっと驚くことだろう。事実、当時は人前で話すなんてとんでもないと考えていた。

それが今のように変わったのは大学時代。大学の1～2年生のときは、友人がいないわけではなかったが、一人で映画を観たり音楽を聴きに行ったりといった行動が多かった。

大学3年生のとき、アルバイトをしてその職場に勤めている大人たちと話をすることが多くなった。そうした中で、コミュニケーションのコツをつかんだ気がする。コツというほどのことでもないが、「別にこれでいいいんじゃないの」ということに気がついた。今までどおり、普通でいい。その瞬間にコミュニケーションがスムーズにいくようになった。

第2のきっかけは、就職活動をしていたとき。漠然と自分は接客業向きと思っていた。実際に面接を受けると面接官の受けがいい。大学生仲間よりもコミュニケーション能力が高いと思ってはいたものの、アルバイト先とは違うので一般社会にはそれほど通用しないだろうと考えていたから、その反応は驚きだった。やがてそれが自信につながる。つまり、自分のありのままを相手に伝えれば、それが高いパフォーマンスにつながることが明確に分かった機会だった。

そこから、高いパフォーマンスを得るためのコミュニケーションの取り方を、試行錯誤しながら自分なりに見つけていった。ただし、かつては支援という言葉に縛られていたこともあって、当初は目線の持ち方、コミュニケーションの取り方が分からなかったが、相手との距離を近くして会話を弾ませることでスムーズなコミュニケーションを取ることができ、相手の情報を引き出せ、こちらの言いたいことが伝わるということに気がついた。

## 相手から発せられたもののすべてを分析する

コミュニケーション能力を上げる大きなポイントは、「聞き上手になること」とよく言われる。ただし、これには落とし穴があって、聞き上手になるためには相手に話させなければならない。相手にうまく話をしてもらうための工夫も必要となってくる。それはその場の持ち方であったり、目線であったり、空気の作り方であったり、問いかけであったりする。何かしら投げかけられるものがあるからこそ相手は話すのであり、それによってこちらが聞き上手にもなれるのである。

だから、会話の内容で相手のいろんなことを分析する。相手のことを観察しなければうまく情報は引き出せない。そのためにはこちらが相手に興味を持っている姿勢を見せないとダメだ。方法の一つとしては、チャレンジをしようとしている人に対してリスペクトしながら会話をしていく。そういう姿勢があれば第1段階はクリアしたと言える。

そのうえで、相手の話に共感する。ただし、共感するだけではなく、相手にも共感してもらえるようにしなければならない。そうでなければ、お互いの距離感は縮まらない。それが第2段階である。

## (3)情熱の醸成方法について

### 情熱があるからこそ分かることがある

最後に情熱である。情熱は私がここで「情熱を持て！」と言ってもしようもないことであって、支援をする当事者が自分で気づかなければ意味もない。ただ、情熱があれば、経営者の本当のニーズや悩みが分かったり、何とか支援策を見つけ出そうとしたりする。

そうする中で、いい結果が生まれる。こうしたことは、いろんなものの本に書いてあることだが、あえて言わせてもらいたい。やはり、情熱も大切なのである。

ここまで、企業を支援するやりがいやコーディネーターの重要性などのいいことも、企業を支援するうえでの難しさも語ってきた。これを読んで、企業を支援する魅力を十分に分かっていただければうれしく思う。そして、さらにやる気や情熱を持って、この仕事に臨んでいただければ幸いである。

＊　＊

最後に、私がコーディネーターとしての能力をいかに培ってきたか、その方法をもう一つ（前述の補足として）紹介しよう。

先ほど新聞を読み込んでいたと述べたが、その際にその時々に発生していたＭ＆Ａの記事をピックアップしていた。ただし、単にピックアップするだけではなく、例えばドラッグストア業界でＭ＆Ａが起こったとすると、静岡県内で何が起こるかをシミュレートする。そうしたことを毎日勝手に頭の中で考えていた。そうすると、何かあったときの企業活動についてや関係企業の動き方、企業のものの考え方などがある程度想定できるようになってくる。なお、そのためには県内のドラッグストアの状況がどうなっているかを知らないとできないので、情報の収集も常に行っていた。

## 2 コーディネーターとして必要な知識はこうして習得する！

### 行政機関のホームページをチェック

企業への支援を行うにあたり、公的支援制度を活用するケースは多い。そのため、制度内容を細かく知っておかなくてはいけないと考えている人は少なくないだろう。

しかし、それらは行政サイドに任せておけばよく、金融機関の人間はそのアウトラインさえ知っていればいい。というのも、顧客に提案できるだけの知識があればいいのであって、簡単に言えばどんな支援制度があるかを押さえておく程度でいい。

もっと言ってしまえば、制度の名前を一つ一つ覚える必要はなく、こんな内容の制度が存在しているということを知る程度でいいのである。

そうは言っても、行政が今何に力を入れているのか程度は把握しておく必要はある。行政が今一番力を入れている制度というのは、今の中小企業のニーズを背景に企画立案されているため、その他のものより効率的で積極的な支援が期待できる。これは行政のホームページ、例えば経済産業省や中小企業庁、地方自治体のホームページに、しかも分かりやすい形で掲載されているので、確認しておくといいだろう。

私は中小企業庁のホームページをよく見るのだが、お金をかけて作っているだけあって見やすくかつ分かりやすくなっているので、一読の価値はある。ところがこれを活用している金融機関の人間はそう多くはないようで残念だ。

公的支援制度について詳しく知りたいということであれば、公的産業支援機関等に行けばパンフレットで確認することもできるのだが、量が膨大で分厚い。一覧として見るにはいいが、熟読しようとは思わないし思えない。中小企業庁や中小企業基盤整備機構が毎年出している、中小企業支援のガイドブックという手もあるが、どうしても扱いづらい。

やはり制度について理解を深めようとするのであれば、ホームページが一番手っ取り早いであろう。

## 様々な状況や影響とつながりを考える

その他、必要なものとしては、今ビジネスのトレンドがどこにあるのかというトレンド情報である。これは前述のビジネスセンスの身につけ方に詳しいが、金融マンはそこがあまりにプアな状況になっている。

これまでのやり方は、知識と言えば検定試験合格のための法務・財務・税務・コンプライアンスなどであった。これらの習得はあくまで試験中心に組み立てられており、およそ経済の流れをつかむこととは別のものである。今、世の中がどう動いているのかを知らないと話にもならないが、それでも通用していたのが金融の世界である。しかしその常識が崩れ始めていることに気がついてほしい。

トレンドを身につけるには、日本に限らず海外にも目を向けないといけない。今や日本は国内だけのことを考えていればいいのではなく、世界の中の日本を意識しなければ立ちいかなくなっている。未曾有の経済危機、環境の問題など、こうした流れを知っていないと支援なんてできない。

まずは、こうした情報に興味を持って見ていただきたい。一つ一つの情報を単独で捉えるのではなく、様々な状況や影響とつながりを考えながら覚えるといいだろう。単なる文字列を自分の思考に絡めて何かに関連づけるからこそ初めて知識として身につくのだと思う。

## ◆第５章◆

# 産業支援と今後の取組みについて

# 1 一企業への支援から産業支援へ
## ～支援スタンスの転換と産業支援の意義

### 自然と視点が産業支援にシフト

第1章から第4章までは、企業への支援についてだが、本章では産業支援について私の思うところを述べさせていただきたい。

公的産業支援機関や金融機関の人間であれば、地域産業への支援に当然何らかの形で関わっている。また、これまで説明してきたコーディネート型支援をいろいろ実践していると、そのうち地域産業というものを考えざるを得なくなってくる。そういう意味でも、産業支援という観点は欠かせないものである。

私自身のことを言わせていただくと、産業支援を意識し始めたのは今の仕事をするようになってからである。SOHOしずおかはインキュベーション施設でありながら、広く企業を対象にしたり、浜松でも対象者を絞ることなく広くとったスタンスを持っていたことから、だんだんと地域の産業支援ということを考えるようになった。

明確に意識し始めたのは、２００３年11月だった。立教大学経済学部山口義行教授と、ＮＨＫの番組収録でご一緒したときに、私の行っていることは地域の企業の活性化であるから、これはひいては地域産業の活性化や地域活性化につながると言われたことがきっかけだ。

それから、さらにどんどん産業支援に意識も知識も深めていった。今では、地域産業の活性化が私の中での広い目で見た目的であり、目の前に迫った課題であり達成しなければならない目標でもある。もちろん１社１社の事業の成功が第一命題であり、その積み重ねにより達成する目標だと思っている。

ＳＯＨＯしずおかのときも、はままつ産業創造センターの常勤のときも、私は銀行という枠の中におり、ＳＯＨＯしずおかの場合はインキュベーション施設であるという縛りや、浜松の場合はコーディネーターの一人であるという位置づけがあり、自分自身の中でも枠があった。積極的になりきれず存分に行動に移し切れなかった部分があったように思う。

独立して、富士市産業支援センター長として働けるようになったからこそ、ここまでの高い意識を持つようになったし、地域の産業を意識した支援もできるようになった。それは確かである。

産業支援というと、たいへん大きな話だと思われるかもしれない。しかし、そこで止まらずに意識して考えてみてほしい。本章が、今後、地域産業を活性化するにはどうすればいいかを考えるきっかけになれば幸いである。

## 2 産業支援の現状と今後の展望

### 資金やニーズ面をよく考えたうえで産学連携の実行を

全国的な産業支援の現状や課題について考えてみたい。行政も公的産業支援機関も金融機関も、地域の産業を盛りたて隆起するように様々な取組みを行っているが、ハッキリ言ってうまく機能しているとは言いがたい。それはなぜか。

様々な理由が考えられるが、中でも大きい問題が支援体制の構造的欠陥にあるように思われる。以下で、具体的に考えていきたい。

**①産学連携の問題点**

産学連携の在り方について考えると、本来の趣旨・意義から遠ざかっているような気がしている。本来は、例えばその地域の中小企業が新商品の開発や新事業に取り組むにあたり大学等の研究機能を活用すべく連携し、アウトプットを新商品や新事業に反映させていくものである。もちろん大学側からのアクセスも同様にある。研究を通して、地場の産業育成・研究者の養成などを行うのであり、どちらにもメリットがあるものだ。

産学連携を実現するうえでの課題は、大学と接点がない中小企業が大学の機能を使うためのコーディネートを誰がどうやってするかという点にある。

通常、中小企業は大学などの教育機関と接点を持つことがほとんどない。それを増やすためにも、中小企業の経営者たちや個人事業主のような人たちの役に立つような大学研究がもっとあってもいい。私が知らないだけで、実際行っているところはあるのかもしれないが、うまくコーディネートされているところはほとんどないように思う。金融機関を含めて外部機関がうまくその橋渡しをすべきではないだろうか。ただしここでも問題があって、多額の資金が必要となる（場合が多い）。それを解決しないで産学連携を言ってもあまり意味はない。

特に公的産業支援機関に言えることだが、多額の資金を使って産学連携に踏み込む必要が本当にあるのかということを考えるべきである。この場合の資金は税金である。数多くのベンチャーキャピタルや企業が大学と提携してビジネスにつながりそうな研究を探し、製品化を目論んでいる。そこにあえて公的産業支援機関が踏み込む必要があるのだろうか。公的産業支援機関が絡んだこれまでの産学連携はパフォーマンスが概して低い。結果がなかなか出せないと言われている。

様々な金融機関も参入していているが、実際には厳しい状況となっているのが実情だ。産学連携は多額の資金が必要となるということを前提で考えないといけないし、どこにニーズがあるか分かったうえでやらなければリスクは非常に大きなものとなる。

一方で、産学連携を橋渡しするコーディネーターの存在にも問題がある。産学連携のコーディネーターというと、どうしても技術の専門家や、元〇〇大学の先生あるいは元大会社の技術部門の専門家といった方々が名を連ねている。

私自身がそうであるからかもしれないが、コーディネーターは必ずしも専門家である必要はないと考えている。専門家であるがゆえに、専門的な視点にこだわって判断してしまうきらいがあるためだ。技術については素人でも、技術の専門家を知っていて、そうした専門家と産学連携を必要とする中小企業などをつなぐ力があるコーディネーターのほうが、いい結果を生むのではないか。全くないよりはある程度知識はあったほうがいいとは思うが、その研究が面白いか面白くないのかの判断ができればいい。ビジネス的に面白いという判断がつけば、技術面を判断できる人を使ったり紹介したりすればいいのである。

その技術が面白い・面白くないの前に、目先の価値観で判断しているコーディネーターが多いからこそ、公的産業支援機関の産学連携はうまくいかないのではないかと考えている。

## 認定実績づくりが背景にある

### ②補助金ゲッターばかりが増えている

様々な支援制度の認定委員をやっていて思うのが、補助金についての問題。特に、公的支援制度の補助金に関して、申請する企業側にも問題があるが、それを推進している公的産業支援機関サイドの姿勢が一貫していないように見えるのだ。

例えば、新しい施策が設けられ補助金制度が施行されると、早く実績を作りたいがため、かつて他の補助金を受けた企業のところにその新しい制度を紹介する。そうなると、同じ企業が何度も補助金を受けることになる。これについては中央官庁でもよく指摘されているところだが、そうした企業を私は「補助金ゲッター」と呼んでいる。

こんなことが起こるのは、制度を設置した行政や制度を紹介する公的産業支援機関が、どの企業が何の補助金をとったかを把握したうえで、同じ企業へ何回も提案する傾向があるのではないだろうか。

しかも、公的産業支援機関の多くは、幅広いネットワークを持っていない、誰でも足を運ぶ状態になっていない、施策の浸透を図る施策が甘い、利用すべき人が利用できないといった問題もある。

補助金制度は、広く参画・利用してもらって、多くの企業を活性化させることを目的としている。にもかかわらず、実績づくりのためだけに安易に利用されているとするならば、本末転倒と言わざるを得ない。

ところが、中小企業庁の実施する中小企業地域資源活用プログラムの中で定められている支援制度は、零細企業や農業経営者等であってもエントリーできる流れになっているので、少しは流れが変わってきたように見える。

ただし大きな潮流としては、依然として、いつも同じ企業が補助金を利用しているという点がある。公的産業支援機関の体制は以上に述べたとおりであるので、ここで金融機関が動かないといけない。地域の企業や人々の多くを知っていることについては、金融機関に及ぶところはない。だからこそ、金融機関が積極的に働きかけることによって広く制度をアナウンスできると思う。

## 部門によっては長期間かけてプロを育成する

### ③金融機関の最大の弱点は〝人事異動〟

新たな取組みをしている金融機関は、いくつかある。おしなべて共通しているのは、公的機関に人を送り込んでそのノウハウを吸収しているところが多い。

その狙いは三つある。まず一つは短期的にノウハウを吸収しようとしていること。二つ目は公的機関との人脈形成。三つ目はネットワークを保持することで案件を進みやすくすること。

しかし、ここには金融機関特有の問題点が大きな障害となって立ちはだかっている。これらのノウハウやネットワークというものは、人についてしまうものである。したがって、せっかく支援体制が構築できても、人事異動によってまた最初から仕切り直しとなってしまうことだ。結局、その連続で金融機関はきてしまっているので、継続的に力を発揮できない体制となってしまっている。

私が今なおこの仕事に就いていることができるのは、適性もあったのかもしれないが、７年間も公的産業支援の世界に出向させてもらったからだと考えている。長期間そこにいるということは〝プロ〟を作るということである。行政も金融機関も産業支援が重要と考えるならば、これからはプロを作らないとだめなのだ。

金融機関においても専門性の高いものはプロを養成する。ディーリング部門やＭ＆Ａ部門、投資銀行業務も長期間トレーニーに出して、勉強させている。ところが、中小企業支援や創業支援におけるプロは作ってこなかった。今後は成果の出る効果的な支援を行うプロを養成することが肝要なのである。

前でも書いたが、長期的に考えて、専門部署を作りプロのコーディネーターを育て、各営業マンに企業の新たな可能性を発見する目利き力をつけさせ、営業店と専門部署が連携するような体制を構築すべきであろう。

## 3 国が乗り出した〝コーディネーター事業〟とは
### ～地域力連携拠点事業と期待される金融機関の役割

### 運用部分の強化を狙った事業

地域力連携拠点事業については、第1章で少し触れたが、中小企業庁がこれを進めた背景には建前と本音がある。

建前は、簡単に言うと、厳しい経営環境の中、より高度できめ細かい支援を中小企業に行うために、様々ある支援機関をまとめる中核の拠点を設置するということである。

本音については、若干詳しく話をすると、こういうことがある。経済産業省や中小企業庁では、これまで様々な中小企業支援施策、創業支援施策を打ってきた。もちろん、有効と思われる制度や体制を構築してきたのであるが、期待した結果はなかなか出てこなかった。そこで、同省庁がどこに問題があると見たかというと、施策そのものというよりは運用部分であった。

中でも、まず運用機関に問題があって、さらに運用機関の中のコーディネーターの資質に問題がある。しかも、そもそもの考え方に大きな問題があった。支援する側に、当事者意識が欠如していたり、「支援をしてやる」的な意識を持っていたり、結果に対する目標意識が低かったり、もろもろの問題がある。

そうした中で、その担い手を選定・育成するために、地域力連携拠点事業の施策ができた。重複になるが、改めてこの施策について説明すると、2008年度から実施された中小企業庁の施策。日本の強みである「つながり力」を強化することで中小企業の生産性を向上させ、経営力の向上や事業承継等、中小企業が直面する課題に対してきめ細やかな支援を行うことを目的としている。この事業においては、中核となって中小企業の支援に当たる「応援コーディネーター」が各拠点に配置されることになっている。

事業の概要を中小企業庁のホームページに則り説明すると、以下のとおりである。

①地域において、優秀な支援者を「応援コーディネーター」（全国で500人）として配した中小企業支援機関等を「地域力連携拠点」として全国200~300カ所選定（そのうち100カ所程度を事業承継支援センターとする）し、中小企業が直面する課題に対してきめ細かな支援を行う

②応援コーディネーターは、他の中小企業支援機関等とのつながりを活かして、悩みを抱える中小企業や新しいことを始めたい中小企業等を積極的に見つけ出し、経営状況の課題の把握や課題解決に向けた戦略の立案を支援する

③さらに、地域力連携拠点においては、経営力の向上や新事業展開、事業承継等様々な課題に

応じて、その具体的な解決を支援するため、窓口相談や巡回相談を行ったり、自らが指定したパートナー機関（金融機関、大学、農協等）とも連携しつつ、専門家の派遣、ビジネスマッチング等を行うほか、国や地方自治体の施策等も活用して支援を行う

## 人材の育成がカギとなっている

そこで、こうした役割を担う機関として特に期待されているのが、金融機関なのである。金融機関は中小企業など数多くの企業と接点がある。だからこそ期待されるのであるが、金融という切り口で資金需要ニーズに応えていく中で、中小企業支援や創業支援をやってきたものの、国の行う中小企業支援施策、創業支援施策と連動してきたかというと必ずしもそうではない。ちょっと距離感がある。その距離を縮めることによって効果的なサポートができるようになる。拠点整備はそういった意味合いのものでもある。

私がこの9年間で実践してきて分かったことは、国の施策の多くはその時々の経済の状況を勘案して一番必要だと思われる法律や制度を作成して投入しているということである。それを金融機関がうまく活用することによって、取引先や顧客に対しても大きなメリットが出てくるはずである。金融機関が各種支援制度を自前で持つのは無理なので、国の諸制度をうまく活用することで結果的にメリットが生まれるのである。

だからこそ、この公的支援を自分たちの中に取り込みながら取引先支援を行うことは重要な

のである。

ただ、この地域力連携拠点事業にもまだまだ問題点があって、具体的な運用方法・モデルが示されておらず、金融機関のいくつかはこの制度に手を挙げていても内容をきちんと理解しているわけではない。人材の面を考えると、本来はきちんとした支援ができるコーディネーターを育成してから参加するか、育成しながら参加するものである。全国で多くの金融機関が参加を表明しているが、どの程度本気でやる気があるのかは今はまだ見えてこない。

そのため、施策の狙いどおりに動くにはもう少し時間がかかる。きちんとしたコーディネーターが生まれてくるのにもう少し時間がかかるからだ。施策を生かすのも人。その育成にかかっている。

## 4 富士市産業支援センターと今後の取組みについて

### 情報を共有化し誰でも対応できる体制を構築

最後ではあるが、私の現在の取組みやそれを支えてくれている状況を知っていただくために、富士市産業支援センター（ｆ－Ｂｉｚ）の業務内容とともに、当該体制について紹介しよう。

２００９年６月現在、スタッフは４名、私を含めても５名という少数精鋭体制である。それぞれが各役割を担いながら絶妙な連携で多くの相談・企画等業務を進めている。

私とともに、来訪される相談者への対応・アドバイスを行っているのは２名、サブマネージャーの杉本剛敏さんと、経営コーディネーターの山本浩治さんである。

相談者の対応は、この二人と私とで分担。受け付ける相談件数が多いということもあり、例えば以前から付き合いのある経営者や金融機関や経営者仲間の紹介を受けた方等については、前もって連絡・指名をいただいて私が対応するということもあるが、支援段階・状況によってこの二人に担当を振り分けて対応している。ただ、初めて相談に訪れた企業に関しては、私に会いに来ているケースも多いので、できる限り私が対応する。

我々の中では、「来訪者経過状況」というような相談者ごとに相談内容や支援の状況を簡単にまとめたデータがあり、それをみんなで閲覧することによって情報の共有化を図っている。これにより、相談者の急な来訪で担当者が不在であっても、その他の者が受け付けて対応できるようになっている。毎日、私はセンターにいるわけではないので、その際はこの二人にかかる力は大きい。

サブマネージャーの杉本さんは、コピーライターとして長く広告制作やプロモーション企画に携わってきた経験を持つ。中小企業診断士の資格も持ち、マーケティング分野の支援を得意としている。当センターの設立当時からのメンバーである。現在、「その場でネーミング＆キャッチコピー杉本道場」というものを週二回、相談者とともにネーミングやキャッチコピー等を考える相談会を行っており、大盛況である。

私自身、彼に学ぶところが大きく、例えば上質の特定農産物に特別に名前を付けて売り出し、それで消費者に品質等を認識してもらい、その同じ農産物全体も売り出すといったコピーライターならではの発想にはいつも感心している。そうした発想に私は触発され、アドバイスを行うこともある。

経営コーディネーターの山本さんは、巣鴨信用金庫の職員だが、２００8年8月より当センターに派遣。腕利きの営業マンぶりを発揮して丁寧に相談業務をこなすとともに、巣鴨信用金庫の将来のコーディネーターを担うべく、現在私のノウハウを学んでもらっているところである。

具体的な彼への指導としては、相談時に同席してもらい、相談対応の方法をつかんでもらうためのＯＪＴを行っている。私の会話の展開に触れてもらって、その後、なぜこのような質問をしたのかとか、このような会話展開にしたのはなぜかなどを説明したり、実際に相談対応をしてもらって注意すべき点を指摘したりしている。

その他、業務計画や総務などを担当してもらっている津田万紀子さんは、センター設立当初からのメンバーで、年度の事業計画はすべて彼女中心に任せている。また、２００9年度からは、私のような仕事に夢を抱く寺田望さんがチームに加わった。自治体職員だった経歴を活かし、セミナーやイベントの企画運営から全相談業務のアシストをお願いしている。

私たちチームは少数であるために、なおさら個人個人の能力に負うところが大きい。現在のようにうまくいっているのは、それぞれのスキルが高いおかげでもある。だからこそ、あえて当センターの今後の課題を言えば、優秀な人材の確保・育成だと思う。

ありがたいことに、我々のような仕事にやりがいや夢、高いモチベーションを持つ若い人は多いように思う。その意味では、将来のコーディネーター候補生の裾野は広く、我々はもちろんだが、金融機関も公的産業支援機関もその担い手の発掘は案外難しくはないのではないだろうか。

＊　＊

ここで改めて申し上げたい。私がこの仕事で知ったのは、数多くいる中小企業の経営者や起業家は、それぞれ高いポテンシャル（可能性）を持っているということだ。しかし、それを生かし切れていない人があまりに多い。そこを我々がお手伝いすることによって、たくさんのチャレンジャーを排出することは可能であるはずだ。なにも私がいた静岡や浜松、富士が特別ではないと思う。事実、私のところには他県の企業から相談が持ち込まれている。

地元でチャレンジャーをどんどん排出することによって、元気な企業が増えていけば、地域活性化は実現できる。そう考えると、大がかりな産業の育成や工場誘致、巨額の税金を投入しなくても、どんな街にだってチャンスがあるということだ。

私はそういったチャレンジをする地域に対して、いろんな形で協力していきたいと思っている。そして、地域から期待されるような能力の高いコーディネーターをもっとたくさん育成できればいいと思っている。

当面の目標は、富士市産業支援センターのプロジェクトを成功させて地域産業を活性化させることであるが、国の仕事に関わりながらもっと幅広く産業の活性化に寄与していきたいし、公的産業支援機関や金融機関と協力しながら人材の育成やノウハウの提供もしていきたい。

## おわりに

内閣官房が実施している「地域活性化伝道師」の仕事を通じて全国各地の疲弊した地方都市を訪れる機会があるのだが、どこへ行っても「ここには何もない」という声を聞く。目ぼしい産業がない。活性化の糸口すら見つからない。口を揃えてそう話す。

私は、2008年7月に独立、起業したことをきっかけに、翌月富士市に新しく開設した富士市産業支援センターf－Bizの運営を自社で受託した。産業的にも行き詰まりを感じていた人口約26万人という中規模都市で全くのゼロからスタートしたのにもかかわらず、当センター開設以来月間120～130件、初年度8カ月の累計来場相談件数が1032件という、全国的に見ても最も高い水準の来場相談件数を維持する活況を作り上げた。

私たちはチーム一丸となり、日々地域の様々な中小企業・商店経営者、農業経営者のみなさんなどとともに経営課題の解決法を一緒になって考え、チャレンジさせていただいている。

こうして浮上のきっかけをつかんだこのまちは今、少しずつ元気を取り戻し始めているように思う。

私はこれまで静岡県内の地域、規模、産業構造ともに全く異なる3都市（静岡市、浜松市、富士市）で、常に同じ手法を使って地域活性に取り組み、結果を残し続けてきた。これらの都市が元気を取り戻すことができたのならば、全国各地どのまちにも活性化のチャンスはあるはずだ。

支援する立場にいる人たちは、今一度地域にある「生かされるべきもの」を真剣に見つめ直し、再生のきっかけづくりをしてみてはどうだろうか。

国が出す大型の補助金、助成金をもって再開発や大型の「箱モノ」事業をするだけでは本当の意味での地域活性化にはなりにくい。地域活性化にとって最も大切なのは、地域経済を支える中小企業・商店経営者、小規模事業者・農業者一人一人が前向きにチャレンジしようとする気持ちになることだ。

１００年に一度と言われる未曾有の経済危機の中、私たちのような公的産業支援機関や、金融機関の中小企業支援、地域産業支援は今まさに真価を問われている。

そうした関係者の方々にとって、この本が何らかの参考になってくれたらありがたい。そう思っている。

謝辞

本書を出版することができたのは、㈱近代セールス社の湊由希子さんの絶大なるご尽力の賜物である。何度も打ち合わせを重ね、１冊の本として完成度を高めていくことができた。

また、昨年７月㈱イドムの創業メンバーに加わり、会社と富士市産業支援センター両者の立ち上げと運営を進めてくれた津田万紀子さんは、２つのプロジェクトを同時に軌道にのせるという重要な任務の中心にありながら、本書出版についても細部にわたりフォローしてくれた。この場をかりて改めて感謝したい。

2009年8月

小出宗昭

小出宗昭（こいで　むねあき）

株式会社イドム　代表取締役

1959年生まれ。法政大学経営学部卒業後、㈱静岡銀行に入行。M&A担当などを経て、2001年2月静岡県静岡市に開設した創業・産業支援施設「SOHOしずおか」へ出向、インキュベーションマネージャーに就任。

起業家の創出と地域産業活性化に向けた支援活動が高い評価を受け、2005年2月起業支援家としては最高の栄誉となる「Japan Venture Award 2005」（創業・ベンチャー国民フォーラム主催）起業支援家部門　経済産業大臣表彰を受賞。

2007年7月静岡県浜松市に新しくできた産業支援施設「はままつ産業創造センター」へ出向、ビジネスコーディネーターに着任（現在非常勤）。2008年7月㈱静岡銀行を退職し独立、㈱イドムを創業。2008年8月より「富士市産業支援センターf-Biz（エフビズ）」の運営を受託しセンター長を務める。

起業支援家として活動をはじめて以来8年間で約500件の新規ビジネス立ち上げを支援している。
・関東経済産業局　新連携事業評価委員会委員（2005年度～）
・関東経済産業局　地域産業資源活用事業評価委員会委員（2007年度～）
・内閣官房 地域活性化伝道師（2007年度～）
・総務省　頑張る地方応援プログラム 地域人材ネット　登録専門家（2009年度～）
ほか、中小企業庁　地域中小企業サポーター、日本商工会議所　創業人材育成事業検討委員会委員、社会経済生産性本部　SOHOポータル協議会委員などを歴任。

著書『あなたの起業成功させます』サイビズ刊（2006年5月）

カリスマ支援家「小出宗昭」が教える
**100戦100勝の事業サポート術**

2009年9月5日　第1刷発行
2011年9月7日　第2刷発行

著　者　小出宗昭
発行者　福地　健

発行所　株式会社**近代セールス社**
http://www.kindai-sales.co.jp
〒164-8640　東京都中野区中央1-13-9
電 話　03（3366）5701
FAX　03（3366）2706

印刷・製本　三松堂株式会社

ISBN 978-4-7650-1014-6 C2033　編集協力：瀬川　健